なぜ、あの人は『お金』にも『時間』にも余裕があるのか？

岡崎かつひろ

きずな出版

①時間はあるけどお金がない人

②お金はあるけど時間がない人

③お金も時間も手に入れている人

あなたは、①~③のどれがお好みですか？

Prologue

お金も時間も手に入れている人が、給料をもらわない理由

世の中には2種類の人間がいます。

・時間はあるけど、お金がない人

・お金はあるけど、時間がない人

でも、じつはこんな人もいます。

・お金も時間も手に入れている、経済的自由人

いったい、何がこの差を生んでいるのでしょうか？

じつは、経済的自由を手に入れている人と、経済的に不自由で時間やお金に追われてい

る人では、まったく違う概念を持っているのです。

経済的自由を手に入れている人は「給料をもらう」という概念で仕事をしていません。

では、どんな概念によって仕事をしているのでしょう？

それは不労所得と言われる**「仕組みから得られる収入」**を中心とした仕事の仕方です。


ただ、この不労所得について、多くの人は間違った捉え方をしています。

「労働のない所得＝楽して儲ける」と勘違いしているのです。

不労所得とは英語で「Unemployed income」といいます。「従業員ではない所得」という意味です。つまり、本来はemploye（従業員）という働き方ではないところから得た所得を、不労所得というのです。

ですから、本書のテーマ「お金にも時間にも余裕のある生き方」とは、従業員という考え方に縛られず、経済的自由を手に入れるためにはどうすればいいのか？　ということをお伝えしていくためのものです。

お金の話をすると、こういう人がいます。

「人生、お金がすべてじゃない！」

若い頃、私も口癖のように言っていた言葉。

歳を重ねてみてわかることですが、確かに人生はお金がすべてではありません。

しかし同時に、ほとんどのことにはお金が関わっていることも、年々、深く体感させられます。


生活にだって、人間関係にだって、子どもや親の面倒にだって、自分の老後にだって、お金は関わってきます。

たとえば、あなたの両親をあなたが支えなければならなくなった場合、いったいどれほどのお金がいるでしょう？　もし、あなたがなんらかの病気や怪我を負ってしまった場合、どれほどの経済力が必要でしょうか？


ある成功者が言っていました。

「お金なんて嫌いだ、という人間はわがままだ」

なぜなら、人生はお金がすべてではないが、「人生のほとんどのことに、お金が関わっている」という事実は、誰も避けることができないからです。


では、どうしてお金で困る人が多くいるのでしょう？

その答えは、「お金と働き方の関係について学んでいないから」にほかなりません。

学校の授業に、お金と働き方に関わる授業はありませんでした。親から教わることも、ほとんどありません。

たとえば、お金に関わることで親から教わることといえば、

・借金はしてはいけない
・クレジットカードは怖い
・保証人にはなるな
・うちにそんなお金はない
・お金持ちは悪い人だ
・投資は危ない

といったところでしょう。お金に関わるまともな教育を受けていないのです。

働き方もしかりです。

・大手で働きなさい
・働き始めたら3年は続けなさい
・福利厚生のいいところで働きなさい
・公務員になりなさい
・ずっと働いていればいつか収入が上がる
・転職は危ない

などと、昔ながらの教えがはびこったままなのが現状です。

しかし、いまの時代だからこそ立ち止まって考えてみてほしいのです。

「この考えは本当に正しいのだろうか？」

Prologue

人生は、誰の言うことを聞くかで決まります。
誰からのアドバイスを受けるかは、自分で選ばなければなりません。
親の言うことを聞けば、親のようになるでしょう。
友人の言うことを聞けば、友人のようになるでしょう。
先輩や上司の言うことを聞けば、先輩や上司のようになります。
だから、あなたがなりたい理想の人のアドバイスを聞かなければならないのです。

さらに言えば、たとえ親が豊かだったとしても、時代は変わり、世の中のルールは変わっています。本当にそのアドバイスに従っていいものなのでしょうか？
いまでこそ、私も経済的にも時間的にも自由になりましたが、最初からそうだったわけではありません。

毎月25日に給料をもらうと、27日のカード払いでほとんどお金がないという生活を、社会人になってからの数年は続けました。仕事も残業ばかりの毎日で、自分のために時間を使えたことはありませんでした。

そんななか、メンターと出会い、そしてその教えを実践することで、変わることができたのです。


お金と働き方の関係は、切っても切ることはできないものです。

そして、ほとんどの人は学ぶ前から難しいと勘違いをしています。

じつは、スポーツや勉強と何も変わらないのです。野球でもサッカーでも、数学や国語の勉強でも、誰か教えてくれる人がいて、練習さえしたら必ず身につきます。

それと同じように「お金」と「働き方」についても、しっかりと学びさえすれば、誰だって自分を幸せにできるのです。


さあ、本書を活用して、お金と時間に縛られない経済的自由を手に入れる第一歩を、踏み出しましょう。

Contents

Prologue —お金も時間も手に入れている人が、給料をもらわない理由 004

Chapter 1 9割の人が間違えている「働き方」と「お金」について

・真面目に働いても豊かにならない本当の理由 036
「能力の高さ＝収入の高さ」ではない 037
・お金なんて、先に出て行くのが普通 040
「先に出て行く＝損をしている」という思考は捨てる 042
・なぜ、あればあるほど使ってしまうのか？ 044
お金は「効果性」で判断して使おう 046
・長く働いている〝だけ〟の無能は、お金を得られなくなる 048
若い人ほど優秀になっていく世の中 050

Chapter 2

「お金」と「時間」と「場所」に縛られずに生きるということ

・働き方を変えないと、私たちの時間は減り続ける 053
あなたの仕事がなくなる日は、急に訪れる 055
・お金なんて、単なる数字にすぎない 058
お金の増減に、一喜一憂しない 061
・お金と時間と場所に拘束されるのは、もうやめなさい 066
判断基準をお金ではなく、別の価値にする 067
・「経済的自由人」と「経済的〝不〟自由人」の4つの違い 071
経済的自由人と不自由人では、発想が真逆 073

Contents

Chapter 3 いつまでたってもお金持ちになれない理由

・問題点を探す前に、可能性を探せ 077
「困った」をチャンスに変える方法 080
・お金より時間が大事。そして、時間よりも経験が大事 082
そして「自分」に投資する 084
・金融資産よりも、社会的資産と人的資産を重視する 087
手に入れるべき資産の順番 089
・コンビニで水を買ってはいけない!? 096
「使途不明金」に気をつけろ！ 097
・年収1000万円のAさんは、なぜ破産したのか？ 100
資産だと思って負債を買ってしまう不自由人 103

Chapter 4

世の中の儲けの仕組みがわかれば、働き方の答えが見えてくる

・時間的に不自由なときに、株は買うべきではない 105
収入源を増やす際に大事な2つのポイント 106
・貯金をすればするほど、損をする？ 110
稼げる自分になることが最優先 113
・自ら負債を抱えにいくのは、いますぐやめなさい 115
お金を生み出さないものは、車も不動産も株も、すべて負債！ 118
・あなたの収入は「フロー収入」か「ストック収入」か、どっち？ 122
ストック収入には制限がない 126
・知らなければヤバい働き方の仕組み「キャッシュフロー・クワドラント」 128
最初はBクワドラントを目指せ 132

Contents

Chapter 5 お金と時間から自由になる生き方、その具体的方法

・はたして、サラリーマンは損をしているのか？ 134
税金の知識も、最低限おさえておこう 136
・会社員が持つ、最強の3つのメリット 140
信用がある、リスクが少ない、ダブルワークしやすい 140
・いますぐ3000万円用意できないなら、金融投資から始めるべきではない 145
自分だけのチームをつくれ！ 147
・支出を減らす、収入を増やす、資産を構築する……それだけ 152
ファイナンシャルリテラシーのシンプルな3つの要素 153
・自己流では破滅する。メンターを決めろ 158
メンターと付き合う上で、大事な3つのこと 162

・手段に優劣はない。すべては目標をどこに置くかで決まる 166
Bクワドラントから、ラットレースを抜け出すことを目指せ！ 171
・居心地の悪い場所に行く 175
セミナーに参加するべき3つの理由 177
・行動して、発信せよ 184
どの情報発信から始めればいいのか 188
・「わかりました、明日から行動します！」……なんて思っていませんよね？ 192
恐怖心から逃げるな 194
あとがき 201

なぜ、あの人は「お金」にも「時間」にも余裕があるのか?

本編に入る前に、ひとつ物語をご紹介します。
お金と働き方に対する考え方を学べる話です。

―貧しい村と、豊かな村の物語―

あるところに、2つの村がありました。
ここでは「Aの村」と「Bの村」と呼びましょう。
Aの村には、たくさんの仕事があります。
Bの村には、それほど仕事がありません。
Aの村人は働き者で、朝から晩まで一生懸命に働きます。
Bの村人は働きながらも、自分の時間を大事にしています。
Aの村人は、「安定が大事」と言います。
Bの村人は、「自由が大事」と言います。
Aの村人は、お金について話すのが嫌いです。
Bの村人は、お金について話すのが大好きです。
Aの村人は真面目で働き者、遊ぶことよりも働くことが大事だと思っています。

Bの村人は効果的に働くことが大事だと言い、遊びも大事にしています。

さて、Aの村とBの村、どちらが豊かな村でしょう?

あるとき、Aの村の村長ミハスのもとに村人が訪れてきました。

Aの村人
「村長! 私たちは真面目に一生懸命に働いています。朝起きてから寝るまでの間、ずっと仕事にかかりきりです。でも、働けど働けど一向に暮らしは豊かになりません! いったいどうしたらいいのですか?」

ミハス
「いいかい? 確かにいまはそれほど豊かではない。でもね、私たちはこれからきっと豊かになる。こんなに真面目に働いて、報われないはずがないだろう?」

ミハスは、少しだけうんざりしたような表情を浮かべました。

最近、この手の相談が多かったのです。

「仕事が多い」だの、「もっと豊かになりたい」だの、村人たちから苦情が上がってくる。毎日食べられるだけでも十分幸せなのに、なんて欲張りなんだ……。

そう思いながらも、村人たちの手前、はっきりとそうは言えないのでした。

Aの村人
「私もそう思っていましたが、正直いまはそう思えません。ミハス村長は、Bの村はご存じですか？」

ミハス
「ああ、よく知っているとも。あの村の村長は私の幼馴染《おさななじみ》だからな。あいつは子どものときから怠け者で、ろくに勉強もしない。その割に要領だけよくて、いつもうまく問題をすり抜ける。嫌いじゃないが、正直好きにもなれなかったな」

Aの村人

「そうでしたか……。では、いまBの村がどうなっているかは、ご存じですか？」

ミハス

「そんなことに興味を持てるほど暇じゃないことくらい、知っているだろう？　私は忙しいんだよ。朝は書類の整理から始まり、私の家の使用人との打ち合わせもある。指示を出しても、その通りに動くのはごく一部だ。ちゃんと現場に行って監視しないといけない。そうやって夜を迎えたら、今度は翌朝の準備だ。水だって汲みに行かなければならない。これだけ忙しいのに、Bの村のことまで気にかけてなんていられないよ」

Aの村人

「はい、私たち村民は、みんな村長に心から感謝しています。でも、その上でぜひ聞いてほしいんです。

私にも幼馴染がいます。彼はBの村に移住しました。先日、彼と久しぶりに会い、酒を酌《く》み交わしていたときの話です。夜もふけてきたので、私が彼に『明日があるから、そろそろ』と言ったところ……」

ミハス
「言ったところ？」

Aの村人
「せっかくの再会なんだ、もっとゆっくり飲もう、と誘ってきたのです。私たちは朝の水汲みをしなければなりませんから、『明日の朝、水汲みをしないといけないんだ。だから今日はここまでだよ』と伝えました。すると……」

ミハス
「……ええい！　もったいつけるな！　結論を早く言え！　私は忙しいんだ！」

Aの村人
「すると彼がこう言ったんです。『まだ水汲みなんてしてるのかい？　そんな働き方をしていたら、一生、水汲みのための人生になってしまうよ』と」

ミハス
「バカなことを言うんじゃない。そんなこと当たり前じゃないか。水を汲みに行かないで、いったいどうやって生活をするというんだ！
Bの村長のことだ、きっとラクしたいからと水汲みをサボって困っているだろう。水のないなかで、あいつらはいったいどうやって生活しているというんだ？」

Aの村もBの村も山の中腹にあり、川まで距離がありました。
そして、生活のための水はそこに汲みに行かなければなりません。

Aの村人
「いえ、それが、どうやら水に困っていないというんです」
ミハス
「そんなバカなことがあるか！　水を汲みに行かないで、なんで水に困らずに生活できるというんだ！」
Aの村人
「はい、私もそう思い、彼に聞きました。すると彼が『もしよければ、Bの村に遊びにきてみるといいよ』と言ったんです。
村長、一緒に行ってみませんか？」
ミハス
「……。私は忙しい……が、わかった。一緒に行ってみよう。そんな話が本当なのか、この目で確かめてみようじゃないか」

ミハスは、本当はBの村に行きたくありませんでした。

しかし村人の一生懸命な姿勢に、邪険に扱うこともできなくなってしまいました。

まあ、ただのうわさ話だったとしても、久しく会っていないBの村長に会いに行ってみるのもたまにはいい。そう思い、Bの村に行くことを決めたのでした。

〜〜〜〜〜〜〜〜〜〜〜〜〜〜〜〜〜〜〜〜

ミハス

「おいおい、これはいったいどんな魔法を使ってるんだ？　なぜ水を汲みに行っていないのに、こんなきれいな水がある？　水を貯めておく桶はどこにあるんだ？　どうやってこの水を手に入れてるんだ？」

Aの村人と話した一週間後のこと。
ミハスはBの村に行き、驚きました。
水があるのです。
さらに村には活気があり、娯楽まである。そして村人の顔も明るい。
あきらかにAの村とは違う状況に困惑し、Bの村長トレドに会いにきたのでした。

Bの村の村長トレド
「まあミハス、落ち着けよ。久しぶりに会って挨拶もなしに、それか？」

ミハス
「すまない、トレド。しかしな、これを驚かずにはいられないだろう。
私たちは、子どもの頃から水汲みが当たり前だった。
朝日が昇ると、その日の生活に必要な水を汲みに川に行く。それも何往復も。
そうやって、生活のための水を手に入れて初めて、ほかのことをすることができる。

当然、水だけで生活できるわけではない、食べ物だって必要だ。朝から晩まで働いて生活するのがやっと。そうやって我々は、仕事に追われて生きてきた。

しかしここはどうだ？　私の村とはまったく違い、村に活気がある。

仕事に追われている雰囲気ではない。それどころか娯楽まであるじゃないか！

なんでこんなことができるのか、疑問を持たないほうがおかしいだろう！」

トレド

「わかったよ、確かにそうだ。僕もAの村にいたときはそういうもんだと思っていた。

しかし、子どものときから疑問があったんだ。これじゃあ、水汲みのための人生なんじゃないか、とね」

ミハス

「水汲みをバカにしてるのか？」

トレド

「そんなつもりじゃないんだ。でも、僕は子どものときから『もしも水汲みから解放されたら、どんなに豊かだろう』と思って、想像を膨らませていたんだ。

水を汲むための時間を、自分の人生のために使えたら何ができる？　もっと人生を楽しむこともできる。それだけじゃない、より多くのことを学ぶことができる。学校のなかの話じゃない、世界を知ることだってできるんだ。

僕はそこで決めたんだよ、水を汲むための人生は歩まないと」

ミハス

「そうは言っても、水がなければ生活することができないぞ。いったいどうやって水を手に入れているんだ？　まさか雨水を貯めておくわけにもいかないだろう。すぐに腐って、よっぽど大きな問題になってしまう」

トレド
「そうだ。だから仕組みをつくることにしたんだ」

ミハス
「……仕組み？」

トレド
「いいか、働き方には2種類あるんだ。

働くというのは、何かを何かに変える行為だ。

僕らはずっと、時間を水や食べ物に変えてきたんだ。だから水や食べ物はあっても、時間がなくなる。結局いつも時間に追われる人生になっていた。

これを変えることを決めたんだ。

新しい働き方は〝時間を仕組みに変える働き方〟さ」

ミハス
「その仕組みがよくわからないんだ！」
トレド
「そうあせるなって。あそこを見てみろ。パイプラインがあるだろう？」
ミハス
「あの丸い筒か？」
トレド
「そうだ。あれが水を運ぶ仕組みなのさ。あいつを川まで引いて、水を吸い上げているんだ。だからいつでも新鮮な水が手に入る。そうやって水汲みから解放されたんだ。
だから、水汲みをしていた時間を使って、ほかの仕組みもつくることを始めた。
農業も仕組みで動くようにしたし、狩りだって新しい仕組みでかなりラクになった。

空いた時間に余暇を楽しむ者、より便利になるように仕組みを考える者、教育に力を入れて村に貢献する者、それぞれが自分の理想を形にすることができたんだ」

ミハス
「そんな……真面目に働くことが大事なんじゃないのか？」

トレド
「水を運び続けることだけが、真面目に働くということではないんだよ。仕組みをつくることだって、立派な仕事だ。仕組みを手に入れて時間をつくるんだよ。そして、できた時間を自己実現のために使えばいい。もちろん仕組みをつくるまでは大変だ。でも、大変な時期を越えてしまえば、これほど幸せなことはないんだよ」

ミハスは考えました。

これを自分の村でもできたらどうなるだろう？　みんな喜ぶだろうか？
いや、考えるまでもない。間違いなく喜ぶに決まっている。
これはＡの村を変えるチャンスかもしれない……。

ミハス
「すまない。私はこの様子を見るまでは半信半疑だった。
しかし、いまは違う。Ａの村人のためにパイプラインを引いてやりたい。
いったいどうしたらいいんだい？　どうか手伝ってはもらえないか？」

トレド
「もちろんだ！　自分の生まれ育った村がもっと豊かになる。こんな嬉しいことはないよ！　まずはミハス自身が学ぶ必要がある。まずはその一歩を踏み出そうじゃないか」

Chapter 1

9割の人が間違えている「働き方」と「お金」について

真面目に働いても豊かにならない本当の理由

「岡崎はいいよね。起業して、お金もあるし時間もある。うらやましいよ。俺なんて家のローンはもちろん、子どもの教育費やら親の面倒にずっと追われている。俺も岡崎みたいな生き方したいけど、もう遅いよね」

２０１８年も終わりの声が聞こえ始めた、10月。久しぶりに会社員時代の同期と会い、近況報告をしていたときのことです。

「なんで遅いと思うの？」

「だって俺には家族もいるんだよ？　歳だって40近い。いまさら新しいことに挑戦できるわけないさ。このまま一生会社員で終わる。これが運命なんだ」

「40から起業する人だっていっぱいいるよ？　やりもしないうちにあきらめるなんて、もったいないと思うよ」

「確かに正解はそうだと思う。でも、俺は君と違って多くのものを背負っちゃってるんだ。よく『夢をあきらめたら大人だ』って言うだろ？　俺はあきらめることを知ったんだ。このままローンの支払いを終えるまで、あきらめて働くのさ。

老後がどうなってるか？　そんなことがわかるなら、苦労しないよ。

でもきっとなんとかなる。どうなんとかなるかなんて、なってみないとわからない。だからきっとなんとかなるとでも思わないと、やっていられないんだよ」

「能力の高さ＝収入の高さ」ではない

その友人はとても優秀で、私よりもはるかに仕事ができる人です。

能力が収入やライフスタイルを決めるのであれば、彼のほうがずっとお金を稼いで、幸せな人生になっていていいはず。

ではなぜ、彼はそうなっていないのでしょうか？

その答えは、「能力と収入は比例しない」からです。

ほとんどの人は、能力をつけていけば収入が増え、幸せなライフスタイルを手に入れることができると思っていますが、じつは能力と収入は比例しないのです。

では、なんの違いが収入の差を生むのか。

それは「働き方の違い」です。

・真面目に働いている
・一生懸命に働いている
・誰もが知っている企業で働いている
・資格を使って働いている

ということと、

・時間とお金に余裕がある、豊かな人生になっている

ということは別問題なのです。

たとえば、真面目にコンビニエンスストアでアルバイトしたとします。どんなに一生懸命に働いて能力を上げても、時給はせいぜい１５００円くらいまでです。１日20時間以上働いて、やっと月収１００万円に届くかどうかといったところでしょう。

コンビニでアルバイトをするという働き方では、そこまでが限界なのです。

大手企業の２０１８年3月期決算で、一部上場企業に勤める人の平均年収は６２０万円ほど。大手で働けば収入が増えるというほど、現実は甘くありません。

「幸せになれる働き方」と向き合わなければ、人生は好転していかない時代なのです。

働き方次第で、どんな人生になっていくかが決まります。

だから、あなたがしなければいけないことは、「ただ真面目に働く」ということからの卒業です。

真面目に働くことはとても大事なことですが、真面目に働くだけでは変わらないものもたくさんあります。将来の理想のライフスタイルに合わせた働き方を選択しなければ、豊かになんてなれるはずがないのです。

お金なんて、先に出て行くのが普通

私の講演会に参加してくれている受講生と話をしていたときのことです。

「私はお金がすべてじゃないと思います！」と声高に抗議されました。

そのときの講演会は「稼ぐことの重要性」という内容でした。

そのなかで私は「稼がないことは悪だ」とお伝えしました。

なぜなら身内や友人、大切な人を助けようと思ったら、お金がなかったらどうにもならないからです。自分以外の人のことを考えていたら「稼がなくていい」という発想になるはずがありません。自分のことしか考えていないから稼げなくても満足できるのです。

だから「稼がないことは悪だ」とお伝えしたのです。

しかし、その講座のなかではひと言も「人生はお金がすべてだ」なんて伝えていません。

「人生はお金がすべてではありません。ただ、お金は人生で大事なものです」とはっきりと伝えていました。

しかし、彼は「稼ぐ」という話になった途端に、お金の話をするなんて悪いことだ！　人生はお金がすべてじゃない！　と、メンタルブロックがかかってしまったのです。

稼ぐのが下手な人は、能力ではなくお金に対するメンタルブロックが問題なのです。

なぜ、お金を稼ぐということに対してネガティブになるのでしょうか？

その原因は、子どもの頃から、お金についての間違えた知識をつけて育ってしまっているからです。

たとえば時代劇では、だいたいお金を持っている人は悪者として登場して、「大黒屋、おぬしも悪よのう」となります。お金を持っている＝悪いことをしている、という方程式が成り立ってしまっているのです。

さらに「お金をもらう」ということにも、大きなメンタルブロックがあります。

今年のお正月、親戚の子に会いお年玉を渡しました。するとその親戚が（子どもからすると親が）、

「悪いわね〜。ほら！　ちゃんとお礼を言いなさい！」

と言っていました。前提が「悪いわね」なのです。

何も悪くなんてありません。素直に「ありがとう」とだけ伝えればいいのです。

そのもらったお年玉も、子どもには渡さずに親が受け取ります。お金を子どもに持たせてはいけない、という前提があるからです。だから子どもに使わせずに、親が子どもの将来のために、と貯金に回してしまうのです。

本当は子どもにお金を使わせるという体験をさせたらいいのです。そんな少額をコツコツと貯めても、たかが知れています。それならお金を子ども自身が使ったほうがいい。

子どものうちに、お金はどう使えばまわりに喜んでもらえるかを知ったり、自分の成長につながるのかを体験したほうが、価値があるからです。

「先に出て行く＝損をしている」という思考は捨てる

無駄遣いをしない習慣は、もちろん早いうちに身につけるべきでしょう。

しかし、貯金のことばかり考えて歳を取ってしまうのは危険です。

貯金額を増やすことが目的になってしまうと、大事なことにお金を使うことよりも、貯金額を減らさないことのほうが大事になってしまうからです。

実際、世の中の多くの人は、お金をもらうことと同じくらい、損をすることを嫌います。極端な人になると1円でもマイナスがあると嫌だというわけです。

それは貯金額ばかり見て、自分の成長にお金を使うことをしてこなかったからでしょう。

何かを経験するためには、お金を支払う必要があることが多いです。

新しい知識を身につけるために学ぼうと思ったら、お金を支払う必要があります。

学校に行くのにも、お金を出すのが先です。資格を取るのも、お金を支払わなければ試験を受けさせてもらえません。

お金は、先に出ていくことが当たり前なのです。

「先に出ていくということ=損をしている」と捉えているうちは、大きく得ていくことはできません。

なぜ、あればあるほど使ってしまうのか？

ほとんどの人は、お金に対して恐怖心を持っています。

お金が減ることへの恐怖や、お金を持っていないことへの恐怖です。

たとえば、株を買ったことがある方ならわかると思いますが、自分のお金が少しでも減ってしまうことに恐怖を感じませんでしたか？　もしくは、少しでも増えると減るのが怖くてすぐに手放してしまったり、大きく下がりだすと怖くなってパニックになった人もいるかもしれません。

増えても減っても、お金が動くということは人間の感情を揺さぶるものなのです。

私はほとんど現金決済をせずクレジットカードを使うのですが、先日もある人からこんなことを言われました。

「岡崎さん、クレジットカードって怖くないですか？」

カードの支払いのほうが現金を持ち歩かずにすみ、仮に落としても利用を止めればなんの問題もありません。現金を落とすよりもカードを落とすほうがはるかに安心です。ポイントなどを考えても、現金よりもカードのほうが優秀なことが多いです。

そこで「なんでクレジットカードが怖いと思うのですか？」と聞いたところ、

「クレジットカードの支払いにすると使い過ぎてしまって。現金なら、持っている分しか使えないので安心なんですよ」

と言うのです。はたしてこれは、クレジットカードの問題なのでしょうか？

「パーキンソンの法則」という有名な法則があります。「使うお金の量は与えられた分だけ膨張する」というものです。

何も考えずにお金を使っていると、入ってくる分だけお金を使ってしまうというのです。

ここで大事なポイントは、「何も考えずにお金を使うと」という部分です。

お金の使い方を考えていれば、そんな問題は起こりません。与えられた分だけ使うお金が増えてしまう人は、お金を使うことしか考えていない人なのです。

「安いから」「欲しいから」「人が持っていたから」といってお金を使っていきます。効果性ではなく、見栄や快楽にお金を使ってしまっているのです。

お金は「効果性」で判断して使おう

たとえば、友人がブランドのバックを持っていると自分も欲しくなったり、いい車に乗っていると負けてるような気分になって、見栄を張りたくなるようなものです。最近ならSNSの投稿を見て「映《ば》える写真」を撮るために、わざわざ行きたい店でもないのに写真を撮りに行くようなケースもあるでしょう。

じつは、お金に対する恐怖心が高い人ほど、見栄や快楽が満たされるまでお金を使ってしまいます。

しかし、上を見ればきりがありませんし、欲求は増す一方。使えるお金があればいくらでも使ってしまうことになります。そのため「クレジットカードを持ってしまうと、いくらでもお金を使えてしまうので怖い」というのです。

もしあなたが経済的に自由になりたいなら、お金を使うときまず考えなければならないのは「効果性」です。

効果性とは、自分にとって価値があるのか？　まわりの人が喜んでくれるのか？　自分の成長につながっているのか？　を考えてお金を使うということです。

経済的に豊かな人たちは、お金を使うときに必ず「効果性」を考えています。その使い方をして将来のプラスになるか、ならないか、です。

プラスにならなければ、たとえ1円でも使いません。逆にプラスになるのであれば、いくらでも使うことを惜しみません。

働き方とお金について学んでいく上で、克服していかなければならないのは、お金に対する恐怖心です。

何が効果的なお金の使い方かを学び、身につける必要があります。

ましてや、いまの時代はオンライン決済や電子マネーが当たり前になってきています。

そもそも現金を持ち歩かない時代になろうとしているときに、現金でないとお金が管理できず、恐怖心に振り回されていては、何もすることができないのです。

長く働いている〟だけ〟の無能は、お金を得られなくなる

私が社会人3年目の頃、不思議に思っていたことがあります。

それは「一生懸命働いているのに、たいして給料が上がっていない」ということでした。長く働いていれば、その分、給料は上がっていくものと思っていました。しかし、現実はその当時から、労働期間と賃金は比例しない状況が発生していました。

あなたはどうでしょうか？

「真面目に働いていれば賃金が上がっていき、豊かになれるはずだ」と思っていませんか。

しかし多くの場合、残念ながらそうはなりません。なぜなら、いつの時代もただ真面目に働いているだけでは、賃金は増えていかないからです。

「いやいや、退職まで収入が上がり続けた時代もあるでしょ？」

と思う方も多いと思いますが、残念ながら勘違いです。

たとえば、あなたが洗濯機を買うとします。

10年前から変わらない性能の洗濯機と、最新機能の洗濯機、どちらを高く買うでしょうか？　当然、最新機能のついた洗濯機のほうが高く買うはずです。

「昔からある」ことよりも、「性能が優秀である」ことのほうが、大事な要素だからです。

これは、経営者にも言えることです。

経営者は働いている人の労働力を買っています。もちろん人間ですから思い入れもあるわけですが、ない袖は振れません。売上が上がって、利益があってこそ、社員に給料を出せるわけです。

世の中では、長く働いていてもリストラされてしまったり、給料がダウンするようなことはいくらでも起きているのです。

つまり長く働くから収入が上がっていたのではなく、長く働いている人のほうが仕事に慣れやすく、結果的に生産性が上がっていたから、収入も上がっていたのです。

だから、長い期間働いている人ほど収入が高くなる傾向にあっただけで、じつは労働期間と収入が比例していたわけではないのです。

若い人ほど優秀になっていく世の中

では、今後はどうでしょうか？

ＡＩやロボティクスの進化によって、人間よりも優秀な機械がたくさんできてきています。今後、その流れはさらに加速していくでしょう。

Amazonの倉庫の動画をYouTubeで検索して見てみてください。ほとんど手作業がありません。ロボットが必要な仕分けをして、最後のチェックだけ人間がしています。仕分けという「考える」必要がある作業すら、人間の手は必要がなくなりつつあるのです。

身近な話では、現在当たり前のスマートフォンも、10年も前はまだ当たり前でなかったのです。ガラケーが一般的だったのに、気がつけばスマートフォンがない生活など考えられなくなりました。

この流れはどんどん早くなっていきます。

いま若い方も、5~10年もしたら、まったく違う技術の登場により、すぐに昔の人になっていくことでしょう。

そして、いつの時代も最新技術を使いこなすのは若い人です。つまり、どんどんと若い人ほど優秀な世の中になり得る可能性があります。

ブロックチェーンの技術も、概要だけでも知っておくといいでしょう。

仮想通貨のイメージが強いですが、実際には仮想通貨のための技術ではありません。インターネット上に広がる、巨大なデータベースだと考えてもらえば結構です。

この巨大なデータベースの特徴は、機密性と信頼性が非常に高いということです。理論上はデータの改ざんなどは一切できません。

ですから、その信頼のおけるデータを使って契約作業を自動化したり、元データまでさかのぼることができるので、手にした商品の原材料とその作成者まで調べるなんてこともできます。

つまり、いま人の手でおこなわれているかなりの部分の仕事を、ブロックチェーンの技

術でまかなうことができてしまうのです。

このように、時代はいままでにないスピードで変化しています。

そのなかで、働き方も考えなければならないのです。

長く働いている＝優秀という時代はもう終わっています。長く働いても、優秀にならなければ収入は上がりません。

労働者として働く以上、新しいテクノロジーを使いこなす必要があり続けます。ライバルは若手という時代が到来するのです。

そして、給料は生産性が高い人ほど上がるわけですから、長く働いていても、仕事ができなければ収入が上がることはなくなっていくのです。

働き方を変えないと、私たちの時間は減り続ける

私はその昔、あるパン工場で働いたことがありました。

そのパン工場でやった仕事は、「流れてくるパンをトレーに乗せる」という仕事です。夜中の10時に始まり、朝の8時まで。その当時の時給で1000円ほど。時給面は当時のわりに悪くはなかったですが、本当に心から思いました。

「二度とやるもんか！」

なぜ？　と言われたら簡単。退屈だからです。

ラインに乗って流れてくるパンを、ひたすらトレーに乗せる作業。1時間もすると眠気と戦うことになります。

申し訳ないですが、「これって人間がやることか？」と本気で思いました。どう考えて

もロボットにやらせたほうがミスもなく、不平不満も言わないので効果的です。

現在がどうなっているかはわかりませんが、おそらくロボット制御の仕事に変わっているのではないでしょうか。


さて、ここで仮に「ロボットVS人間」の勝負を勃発《ぼっぱつ》させてみましょう。

ロボットは昼夜を問わず、いくらでも同じ作業をやり続けます。それに対して人間は、休みを取らなければなりません。ロボットは文句なんて言いませんが、人間は労働環境や条件によって不満が上がってくることがあります。

そうすると当然、社長は思います。

「これなら、人間よりもロボットにさせたほうがいい」

さあ、仕事がなくなったら大変です。人間はこれに対抗する必要があります。

選択肢は2つです。

（1）ロボットよりも早く仕事をする

（2）ロボットよりも安く仕事をする

（1）ができればいいのですが、単純労働の世界では現実的ではありません。すると当然（2）を選ぶことになります。ですから時給を下げることになります。

しかし、時給を下げて働いたら生活ができません。長時間労働が必要となります。結果、どんどん自分の時間を失っていくことになるのです。

ベンジャミン・フランクリンは言いました。

「人生でもっとも大事なものは時間である。なぜなら人生は時間でできているからだ」

働き方についても考えないと、時間ばかり浪費してしまうことになってしまいます。

あなたの仕事がなくなる日は、急に訪れる

これは、パン工場などの単純労働の世界だけで起きていることではありません。

じつは、あなたの職場でもすでに起きていることなのです。

私が会社員の頃にしていた仕事のひとつに、システム導入の仕事がありました。

データ収集を自動化し、そのデータをもとにグラフなどを生成したレポートを作成する

ツールです。

このシステムを入れると、

・データの収集作業

・データの加工作業

・レポートの作成作業

がなくなります。

企業がシステムを入れる理由は作業の効率化であり、人件費の削減です。システムを入れても人件費が減らなければ、会社にとってメリットはないわけです。ですから、このシステムを導入したことで、当時あったデータ部という部署は丸ごとなくなることになりました。

このように、システムを導入することで仕事が削減され、あなたの仕事がなくなることは十分起こり得ます。

それだけではありません。

外注といわれる仕事の仕方があります。社内で請け負わず、社外の業者に依頼して仕事を進める方法ですが、なぜそんなことをするのでしょうか？

答えは簡単です。そのほうが安くて正確だからです。

社内の素人スタッフよりも、社外のプロに依頼したほうがいい仕事をすることが増えてきているのです。

営業の専門家、システム構築の専門家、法律の専門家など、いくらでも専門家がいて、外注で仕事を請け負っています。また税務などは、会計システムにより、かなり自動化が進んでいます。社内に会計処理をする部署は不要になってきています。

このように、外注や新しいシステムにより、現在ある仕事はどんどん失われています。何も考えず、準備もせずにいたら、長時間労働でしか対抗することができなくなり、自分の大切な時間を失っていくことになるのです。

お金なんて、単なる数字にすぎない

「岡崎くん、そもそもお金ってなんだと思う？」

まだ会社員の頃、私のメンターと個別セッションをお願いしたときのこと。これからお金を稼いでいこうと思っていた矢先に、もらった質問です。

このときの会話は、私のお金に対する考え方を大きく変えてくれたので、あえてほとんどそのままに掲載します。

「お金って労働の対価ですよね。どれだけ働いたか、とくに働いた時間の分だけもらえるものだと思っています」

「つまり、時間をお金に変えているってことだね」

「そうだと思います。だからほとんどの人は、時間はあるけどお金がないか、お金はあるけど時間がない、となるんだと思います。

僕の場合もそうですね。月に100時間も残業してますから、収入は同世代のなかではもらっているほうだと思います。でも時間がない。旅行とかも行きたいですが、そんな時間はないので、もっぱら仕事終わりに飲みに行くお金に消えていってしまっています」

「でも世の中には、お金もあるし時間もある人もいるよね。その人たちは時間をお金に変えているのかな?」

「正直わかりません。そもそも理屈の上では知ってますし、ネットとかで楽しそうにしてる人たちがいることも知っています。でも、いったいどうしたらそうなるのか、よくわからないです」

「なるほど。それならまずお金についての概念を変える必要があるよ。結論を先に言うとね、お金って、単なる数字にすぎないんだよ」

「え? いや、それは納得できません。お金が単なる数字だと言われても、なぜそうなのか教えていただけますか？」

「たとえば岡崎くんは、お金は労働の対価と言ったよね。そして時間をお金に変えているということも理解している。

でも、時間をお金に変えていない人たちもいっぱいいる。

たとえば不動産を持っている人。彼らは時間をお金に変えていない。不動産がお金に変わっているんだ。だから彼らにとって、お金とは不動産の価値を表していると言える。

ほかにも、ブロガーのような人たちは、記事をどんなにつくってもすぐにお金にはならない。だからやはり時間をお金に変えているわけではないんだ。

では時間を何に変えているか？　人の楽しみに変えていたり、自分への信用に変えているという人もいるだろう。だから彼らにとって、お金は人を楽しませた量かもしれないし、自分への信用度かもしれない。

講演家と言われる人たちもいる。彼らは何か形があるものをつくっているわけではない。だけど人の人生を変えているかもしれない。だから人の人生に影響を与えた量がお金だというだろう。

人によって、お金が何を表しているかは違う。このことは理解できたかな？」

「それはわかりましたが、ただの数字だと言われても、まだ納得できません」

お金の増減に、一喜一憂しない

「ほとんどの人はお金に意味を持たせようとする。だから感情が動く。増えたら喜んで、減ったら悲しんだり怒ったりする。お金の増えた減ったで一喜一憂しているうちは、お金について正しく知ることができないんだよ。

お金自体はただの数字。意味を持たせているのはそれを判断している人。

たとえば、預金に1億円入っていたらどうかな？」

「それは、めちゃくちゃ嬉しいですね」

「でも、それを引き出すことを禁止されていたら？」

「それだとしたら意味がないです。でも、そんなことってありますか？」

「じつはあるんだよ。1億円入っていても、何かの担保になっていたら引き出すことができない。実際そういう経営者は多いよ。事業の担保にするために定期預金に入ったり。そういう人にとっては、お金は使うものではなく信用を得るもので、信用を得ることが目的なので金額自体には意味はない。だから、増えた減ったで一喜一憂しないんだよ」

「お金の増えた減ったで一喜一憂しない世界って、いまいち想像できませんね」

「でも、もしそうなれたとしたらどう？」

「そしたらお金にとらわれずに行動できて、もっと自由になりそうです」

「素晴らしいね。いまはできなくてもいいけど、大事なことは、できたらどうかってこと。お金を増やさなくていいという話ではないよ。でもお金の増減で感情を揺れさせているうちは、自由にはなれない。

お金についての誤った価値観をいったん置いてみよう。お金に価値をつけるのは自分で、お金自体に価値があるわけではない。お金自体に価値があると思うとお金に振り回される人生になるけど、お金に価値をつけるのが自分であるなら、お金にならなくても価値を大事にして行動することができる。

岡崎くんにとって、お金の価値って何かな？」

「正直、まだそこまではわかりません……」

「これからそこを決めていくといいね。人に夢を与えた量だと数えるなら、お金を増やすだけでなく、夢を与えるための行動やお金の使い方を大事にするだろう。社会貢献だというなら、お金の使い方だって社会貢献のために使うだろう。単に増やすことだけにこだわらなくなるはず。

お金を増やすことだけに一生懸命な人を『成金《なりきん》』というわけだけど、そういう人で幸せになれている人はいないからね」

Chapter 2

「お金」と「時間」と「場所」に縛られずに生きるということ

お金と時間と場所に拘束されるのは、もうやめなさい

いま、スペインから日本に移動する空の上で、この原稿を書いています。

２０１８年末、バルセロナで年を越すために来ていました。

世界一の観光都市バルセロナ。サグラダファミリアだけでなく、多くの観光資源があり、年越しの花火も盛大にあがります。おそらく世界一派手な年越しではないでしょうか。

世の中には「経済的自由人」と呼ばれる人がいます。それは時間的にも経済的にも、自由を謳歌している人たちです。

私も、何人もの経済的自由人にお世話になっています。

花粉の時期になると花粉がない場所で仕事をする方や、バリ島が好きになりサーフィン

をするために日本とバリを往復しながら仕事をしている方、シンガポールに住みながら日本の仕事をしている方、インスタグラマーとして、拠点を設けず各地を旅しながら写真をあげて生活している方――など、さまざまな方がいます。

私も今回のスペイン滞在中、日本にいるのと変わらない仕事をこなしながら、旅行を続けていました。

つまり、オフィスにいて働くだけがすべてではないということです。

私も、昔はこう思っていました。

「サラリーマンになって一生コツコツと働くのが幸せで、それが俺の人生なんだ」

振り返ってみて、決して悪い人生だったとは思いません。しかし、残念ながら非常に不自由な人生だと思います。

判断基準をお金ではなく、別の価値にする

先述した通り、自分が知らないだけで、じつは世の中には経済的自由人がたくさんいて、

いくらでも自分の人生を謳歌している人たちがいるのです。

経済的自由人の特徴は、何よりも自由を愛しているということです。時間に拘束されること、お金で物事を判断することを嫌います。

たとえば飲みに行ったとします。すると、こんなことを考えることはありませんか？

「もうちょっと安いお店がいいな」

もしそう思ったなら、あなたはお金で物事を判断していたということ。

本当は、その人との大事な時間を過ごすのにふさわしい場所を選ぶべきです。

彼女とのデートなら素敵なホテルのレストランでもいいでしょう。友人との久しぶりの再会を祝うならＢＡＲがいいかもしれません。いつものメンツでワイワイと飲むなら気軽な居酒屋がいいかもしれません。

あくまで金額の問題ではなく、その人との関係からどこを選ぶかが大事なのです。

経済的に自由な人は、決してお金に縛られません。物事の選択の基準が「お金」ではないのです。

ちなみに「質問家」として活動し、著書も30冊以上ある、私が敬愛するマツダミヒロさんは、まさに経済的自由人ですが、先日の講演会でこんな話をされていました。

「私は、妻と毎日1時間、今日の夕食をどうするかについて話します。何を食べたいか？ではなく、どんな時間を過ごしたいか？　について話すのです」

……かっこいいですよね。どんな時間を過ごしたいかに合わせて、食事の内容や場所を選ぶ。素敵だと思いませんか？

お金に制限があったら、旅行するときだって「安く行けるところ」を探さなければならないでしょう。しかし経済的自由人は、自分が行きたいところか現地のベストシーズンで選びます。

ラグジュアリーな体験をしたいなら高級リゾートに行けばいいし、雑多な雰囲気を楽しみたければ発展途上国をまわってみたらいいのです。

その選択の基準はあくまで安さではなく、本当に行きたいか？　です。

これは旅行や飲食だけの話ではありません。ものを買うときもそうです。ブランドだから買うのではなく、本当に欲しいから買っています。住むところも、自分にとってもっとも価値があるところに住みます。

私の自宅兼オフィスは東京の汐留にあるのですが、よくこんな質問をもらいます。

「なぜ汐留に住んでいるのですか？　少し離れれば、同じような間取りでも安くなっていいんじゃないですか？」

この質問の私の答えは、「仕事がしやすいこと」と「来てくださる方に喜んでほしいから」です。それが私にとって価値があることだからです。

仕事柄、たくさんの人に出会いますから、できるだけ来やすい場所がいい。

その基準で考えると、汐留という街のイメージのよさ、駅からほぼ直結の利便性、ビルの入り口から入ってきたときの特別感、部屋に入って目の前にある東京タワー……。

ほとんどの方が、来たときに喜んでくれます。それが私にとって大事なことなのです。

家賃を下げるのは簡単ですが、それでは私が欲しい効果を得ることができません。

実際、世の中には自分にとって価値があることを基準にものごとを選べている人たちがいます。時間にもお金にも、無駄な世間体にも縛られず生きている人たちです。

そういう人たちを、経済的自由人というのです。

「経済的自由人」と「経済的〝不〟自由人」の4つの違い

どんな結果をつくり出すかは、考え方の違いによって生み出されます。
たとえばこの絵はなんでしょうか？

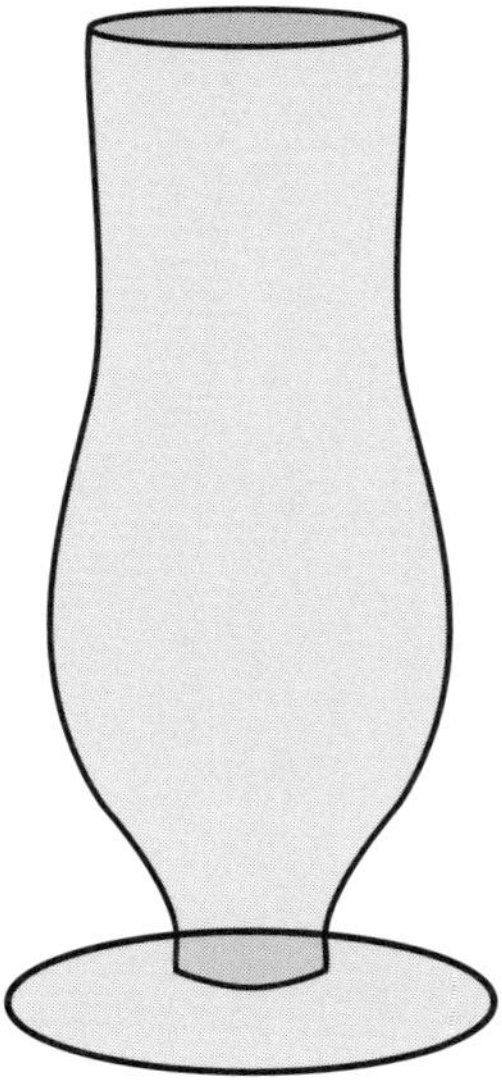

多くの人は「グラス」と答えるでしょう。
では、こちらの絵だとどうでしょうか？

この絵であれば「花瓶」と答えるはずです。
同じ入れ物ですが、なかに何が入っているか、もしくは入れようとしているかで、答え

が変わります。

私の友人の看護師が、面白いことを言っていました。

年末の仕事納めに仕事仲間で飲むそうですが、ビールの入れ物に検尿用の紙コップを使うそうです。一般人にはちょっと嫌な気もしますが気にならないとのこと。ちなみに、私の兄は研究室で働いていますが、「俺はフラスコでビールを飲むよ」と笑っていました。

このように、同じものを同じように見ていないのが現実です。

経済的自由人と不自由人では、発想が真逆

「成功するかしないかは、考え方の癖で決まる」という言葉があります。

同じものを見ても、それをどう使うか、何がつくり出されるかは、その人の考え方の違いによって決まるのです。

これと同じように、経済的自由人と経済的不自由人では、根本的な考え方が違います。

4つの考え方の大きな違いをご紹介します。

（1）自由か安定か

経済的に不自由な人のほとんどは「安定」を求めます。たとえば福利厚生のよさ、一生働ける仕事かどうか、いかに老後に困らないか、などが大事です。

言い換えるなら「困らないことを大事にしている」と言えるでしょう。保証があることを好み、新しい挑戦には憧れても行動はしません。

経済的自由人は「自由」を大事にしています。経済的な自由、時間的な自由、働く場所の自由、付き合う人の自由です。

困らないことよりも、楽しむことや挑戦することを優先します。

時間をお金に変えるのではなく、人生の価値を向上させることに変えます。

（2）できる・できないを気にするか否か

経済的に不自由な人は、合う合わない、できるできない、で物事を選択します。

たとえば就職先を選ぶときも、自分にできそうな仕事か、その仕事が自分に合うかが判断基準です。いままでやってきた経験が活かせること、自分が好きそうなことをやろうとします。

経済的自由人は、自分にとって価値があるかどうかで選択をします。

合う合わない、できるできない、は気にしません。たとえできないことであっても、できるようにすればいいと考えています。そもそも最初からできることなんてありません。

できるできないは、やったかやってないかの違いだけだということを知っています。

いまできないことも、やっているうちに必ずできるようになると信じています。

だから、できるかできないかはまったく気にしていないのです。

(3) リスクを取るか、リスクから逃げるか

経済的に不自由な人は「リスク」という言葉を嫌います。リスクは取りたくない、一切損したくないと思っています。リスクがあるというだけで、考えることを放棄してしまう人も多いです。そして、やらないでいい理由を探します。

経済的自由人は、リスクを取ることで可能性が生まれることを知っています。

もちろん恐怖心はあります。しかし恐怖心があるから知る努力をします。一番のリスクは「知らないこと」ということを、よくわかっているのです。

そして、取れるリスクは積極的に取ります。たとえ失敗に終わったとしても、それが経験になるからです。

やる前から判断せず、取れるリスクであるなら行動し、経験することを大事にしています。そして、どうやったら、取ったリスクの分を利益に変えられるかを一生懸命に考えます。

(4) すぐに見返りを求めるか、先払いをするか

経済的に不自由な人は、働いたらすぐにお金や見返りを求めます。「労働の対価」というように、対価としてお金を得ることを大事にしています。

経済的自由人は、いま手に入れることよりも、将来にわたって手に入れることを大事にしています。すぐに結果にならなくても、将来のために先払いをしています。たとえ先払いして返ってこなかったとしても、経験を積めたことに価値を感じているのです。

問題点を探す前に、可能性を探せ

あるところに、2人の少年がいました。

2人は仲がよく、いつも一緒にいます。

しかし、考え方が違いました。


そんな2人が、あるときドーナツを見つけました。

1人は言いました。

「ほら、このドーナツ、真ん中に穴が空いてるよ」

すると、もう1人は言いました。

「きっとこれは、ドーナツ職人がケチってるんだ」

それを聞いて、もう1人が言いました。

「いや、きっとこうしたほうが美味しくつくれるんだよ」


またあるときは、神様についての話になりました。

「なんで神様は見えないんだろう?」

1人は言いました。

「きっと神様は意地悪なんだよ。だから姿を見せず何もしてくれないんだ」

もう1人は言いました。

「きっと神様はとても優しいんだよ。そして僕らを信頼してくださっている。だから姿を見せずに見守ってくださってるんだ」


2人は同じものを見ていますが、そこから連想しているものが違います。

1人は問題点を探し、1人は可能性を探しているのです。

どちらの少年のほうが、幸せな人生をつくれるでしょう?

ある日、私のメンターと数名の弟子で、景色のいいレストランで食事をしていました。私たちは「すごくいい景色！」と喜んでいましたが、メンターはこう言いました。

「これだけたくさんのビルがあるんだから、みんなが一棟くらい持ってもいいよな。俺も、どうしたらもっと不動産を持てるだろう？」

成功するかしないかは、考え方の癖で決まるとお伝えしました。同じものを見て何を連想するか、それは考え方の癖によるものです。

経済的自由人は「どうしたらうまくいくか？」をいつも考えています。ビルを見れば「どうやったらそれが手に入るか」を考えますし、繁盛しているお店を見れば「どうやったら同じような商売ができるか」を考えます。

ビルがあるということは誰かが建てたということです。ならば自分にだって建てられるはずだ、という前提でいるのです。

逆に経済的に不自由な人は、挑戦する前から「どうせ自分にはできない」と思っています。

だから、どうやったらできるかという連想ゲームが始まらないのです。

「困った」をチャンスに変える方法

ちなみに、先ほどの2人の少年。

この2人の少年は、誰の頭のなかにもいるのです。

ただ、どちらの声を聞くかは選択できます。

人間、欠けているものを見るのは当たり前です。その「困った」をビジネスチャンスに変えるか、不満に変えるかの違いが、経済的豊かさの違いを生み出しているのです。

たとえば、ペットボトルだって私が子どもの頃にはありませんでした。誰かが「重たい水筒ではなく、軽くて持ち運べる容器があったらいいのに」と連想してつくったはずなのです。

「なんで水筒って重いんだよ！　不便だな！」で終わっていたら、そこにビジネスチャンスは生まれません。

とくに、頭のいい人ほど要注意です。

その頭のよさを何に使うかで、つくり出される結果が大きく異なります。

私の友人にも、東大出身で非常に優秀な人がいますが、彼は前提が非常にネガティブです。私が新しいビジネスモデルを考え、意見を求めると必ず、

「岡崎、いいか？　そのビジネスモデルの問題は3つある。1つめは……」

となります。

ネガティブな意見も大事なので話は聞きますが、これでは何も新しいことはできません。

頭がいい人は、いかに難しいかを考えることに頭を使ってしまい、行動できなくなってしまうことがあります。

せっかく地頭がいいわけですから、その頭を問題点探しではなく「どうやったらできるか」にシフトしてみてはいかがでしょうか？

お金より時間が大事。そして、時間よりも経験が大事

お金と時間を天秤にかけて、あなたはどちらを大事にしていますか？

私が会社員であったとき、たとえば通勤についてこう考えていました。

「家賃補助が出るなら、できれば家賃補助の範囲で生活をしたい。そして少しでも出費を減らしたい。どうせ交通費が出るのだから、多少遠くても家賃が安いところに住んで、移動時間は新聞でも読んでいたらいいだろう」

こう思いながら会社員を3年やったある日、私のメンターと出会ったのですが、メンターからこう言われました。


「岡崎さんは、時間とお金どっちが大事なの？」

「もちろん時間のほうが大事ですよ」

「そっか。でも実際は時間よりもお金を大事にしているよね。だから経済的に不自由になっているんだよ」

最初はまったく意味がわかりませんでした。私のなかでは、経済的自由人ほどお金を大事にしているものだと思っていました。

でも、どうやらそうではなかったのです。

じつは経済的に不自由な人ほどお金を尺度にしてものごとを考え、経済的自由人ほど「お金よりも時間」を尺度に物事を考えているのです。

「移動時間なんて無駄だよ。わざわざ無駄なものに時間をかける意味なんてないよ。『新聞が読める』とか『スマホで時間をつぶせる』なんて言う人いるけど、同じ新聞を読むのだってカフェで読んだほうがいいと思わない？　スマホで時間つぶしなんてもってのほかだよ。英語で時間つぶしをなんて言うか知ってるかい？

『KILL The Time』というんだ。時間殺しだよ。人生は時間でできてるんだ。その時間を殺していくということは、自分の人生を殺しているのと一緒なんだよ」

衝撃でした。

お金より時間が大事だということは、頭ではわかっていたのです。ですが実際には、時間よりお金を大事にしてしまっていたのです。

そして「自分」に投資する

「言っていることより、やっていることが大事だよ。

もし経済的自由人になりたいなら、お金よりも時間を大事にしていく必要がある。なぜなら仕組みを手に入れるには時間がかかるから。

お金はなくてもいくらでもやりようがあるけど、時間がなければ何もすることはできないよ。経済的自由人は、時間が手に入るかどうかを尺度にものごとを考えているんだ。

もし、家賃補助を考えて通勤時間を多くかけてしまっているなら、いますぐやめるべきだね。どうしようって考えている時間すら無駄だよ。とにかく時間の無駄をまずなくしなさい。そして、できた時間を自分に投資しなさい」

「自分に投資ですか？」

「お金を生み出すすべての原資は自分自身だよ。ダイヤの原石だって、磨かなければただの石ころ。それと一緒で、人だって自分を磨かなければ光らない。

多くの人は、お金を稼ぐというと『株を買えばいいですか？』とか『不動産を買えばいいですか？』とか言い出す。

その前に自分を磨いて、稼げる自分になるのが先だよ。

経済的自由人はまず自分に支払う。自分の成長が大事だからだ。

経済的に不自由な人は自分以外のものに先に支払う。あってもなくても困らないものとか、ただ行きたいから行く旅行とか。趣味に一生懸命の人も多い。

自由になってからやったらいくらでも自由にやれるのに、時間がない、お金がない、と不自由ななかでやりたいことやるから、どんどん不自由な人生になっていくんだよ。

経済的自由人は、できた時間を自分に投資する。本を読んだり、セミナーに参加したり、もしくは自分にとってプラスになる人との付き合いに時間をかけるんだ。

いいかい？　お金よりも時間が大事だ。そして時間よりも経験を大事にするんだよ。経済的自由人になるための経験をね。

そして学びにお金をかけなさい。もったいないからと、学びにかけるお金をケチっていると、時間ばかりかかってしまうからね」

金融資産よりも、社会的資産と人的資産を重視する

経済的自由人はまず自分に支払うとお伝えしましたが、では自分に支払うとはどういうことでしょうか？

「消費」「浪費」「投資」という概念があります。
お金や時間の使い方は、必ずこの3つのどれかに該当します。

「消費」：日々の生活に必要なもの
→家賃やガス水道電気など、支払わなければ生活できないものを指す

「浪費」：無駄遣い
→無駄に飲み歩いたり、スマホで一生懸命ゲームしたりすること

「投資」：将来にわたって価値を生み出すものにお金を支払うこと
↓株式投資や、読書などの自己投資など

そして、将来にわたって価値を生み出すものを「資産」と言います。
資産には大きく3つの種類があります。
「金融資産」「社会的資産」「人的資産」の3つです。

「金融資産」：お金を生み出す資産
↓株や不動産、ビジネスなどが含まれる

「社会的資産」：肩書きや人脈など
↓「経営者」の肩書き、芸能関係者の友人が100人以上いる、など

「人的資産」：その人の経験やスキル、人としての魅力
↓メンターとの出会い、など

ほとんどの人が「お金持ちになりたい！」と思うと、すぐに金融資産から手に入れようとしますが、実際にはこの3つで金融資産を手に入れるのは最後です。

手に入れるべき資産の順番

たとえば、宝くじが当たった人の末路の話はよく聞きます。

「1億円が当たった！　これを元手に増やしていこう！」と投資を始めてみたものの、結局うまくいかず、もとの0に戻るだけならよかったのですが、マイナスのレバレッジがきいてしまい借金生活に。結果、自己破産をして、宝くじが当たる前よりも悪くなってしまった……というような話です。

なぜこうなるのかと言うと、資産を構築する順番を間違っているからです。


最初に手に入れるべきは人的資産です。

ビジネスや金融の知識も必要かもしれません。もちろん独学だけで全部を学ぶのは難しいですから、お金と時間を出して人から学ぶ必要があるでしょう。読書やセミナーなどもいいですが、「この人に学ぼう」という決まった人ができるとベストです。

かたい言い方をするとメンターです。「学ぶ」という言葉の語源は「真似る」だそうです。真似させてもらうことが、もっとも早く効果的に人的資産を構築する方法なのです。

メンターと付き合うときに大事なことは後述していきますが、メンターだって付き合う人を選びます。

あなたが礼儀やマナーを知らず、失礼な態度であったなら、おそらく付き合ってすらもらえません。自分がされて嫌なことはしない、そして自分がされたら嬉しいことをする、そうすると、メンターとの関係もよくなっていくはずです。

気をつけてほしいのは、もらってばかりの関係は切れてしまうということです。師弟関係であったとしても、自分から何ができるかを考えて、メンターにも与えようとするといいでしょう。

そして、次に手に入れるのが社会的資産です。

社会的資産とは、社会的な信用と、そこから得られた人脈のことです。

社会的資産を構築するために一番いい方法は、実業でビジネスをすることです。

たとえば私の場合、飲食店の経営をしていますが、誰から見ても飲食店は飲食店です。まず飲食店を「怪しい」と言う人はいないでしょう。ですから、私にとって飲食店をやる価値は収入よりも社会的資産が構築できることなのです。

さらに社会的信用や人脈は、結果的にビジネスチャンスや「ちゃんとした」投資話をもたらします。ちゃんとした投資話は信頼できる人にしか絶対にきません。なぜなら本当に稼げる話なら、大事な人にしてあげたいからです。

私の友人で「ちゃんとしていない」投資話に乗っかって大変な経験をした人がいます。「年利20％で回るから、やってみない？　一口３００万円から。いますぐ決断しないと話はなくなってしまう。借金してでも投資したほうが得だから、借金の仕方を教えてあげるよ」と言われて投資をしてしまい、結果、お金を預けた人は消えてしまったそうです。

要は詐欺話なのですが、当然、人を騙す話なので大事な人には持っていけません。なので関係の薄い人たちに持っていって、お金だけ集めて消えてしまうわけです。

本当に価値ある投資話は、信頼関係を築けている人にしか来ないのです。

金融資産を構築するなら、まずは信頼のおける人脈をつくること、そのためにはあなたが社会的資産を築き上げる必要があるのです。

万が一、大して関係を築けていない人から投資話がきたら、それはほぼ詐欺話だと思ってください。


そして、最後に金融資産です。


先述した通り、社会的資産を構築している場合、金融資産を構築する話はいくらでもお目にかかることができるでしょう。そして人的資産を構築し、十分な経験を積んでいれば、その金融資産が本当に価値があるものか、判断することができるようになっているはずです。

まず人的資産に投資をし、それを元手に社会的資産を手に入れ、最後に金融資産を手に入れましょう。経済的自由人は必ず、この3つをバランスよく構築しています。

手に入れる資産の順番

金融資産	株式や不動産など
社会的資産	肩書きや人脈など
人的資産	経験やスキルなど

この順番で手に入れよう!!

①人的資産

②社会的資産

③金融資産

まずは何より、人的資産から!!

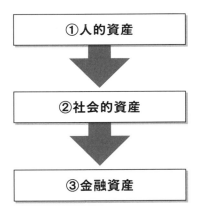

Chapter 3

いつまでたっても
お金持ちに
なれない理由

コンビニで水を買ってはいけない!?

あなたは普段、コンビニで水を買う人ですか?

もしあなたがコンビニで当たり前に水を買う人だとしたら、おそらく経済的自由を手に入れるのはだいぶ先のことになるでしょう。

なぜなら、無駄遣いの習慣がついてしまっている可能性が高いからです。

たとえばお水の場合、本当にコンビニで買わなければならないのでしょうか? めんどうだからといってコンビニでその都度購入をしているかもしれませんが、よく考えると、コンビニで購入するほうがめんどうかもしれません。

ネットで購入すれば家まで配送してくれて、時間にも労力にも無駄がありません。その上、同じ水が半額以下で購入できます。ある銘柄の水は、コンビニエンスストアでは11

0円、ネット購入の場合40円ほどでした。

先を考えて行動をしていれば、お金だけでなく労力や時間も節約できます。

自宅でまとめ買いしたり、職場にまとめておいていたら、コストも労力も一気に削減することができるのです。

お金に困っている人ほど「このくらいなら……」というお金の使い方をします。

「コンビニで水を買うくらいなら、いいでしょ」「30％も値引きされているから、いいでしょ」といった具合です。

じつはこの「このくらいなら」の積み重ねが大きな支出になっています。

「使途不明金」に気をつけろ！

あるとき私のメンターから、「経済的に不自由な人は使途不明金が多い」と言われたことがあります。

そこで、自分の支出を確認してみました。

すると、確かに使途不明金だらけでした。「たぶんコンビニで」「たぶん自販機で」「たぶん飲み代で」という、あいまいなお金が多々あったのです。

これでは蛇口が開きっぱなしの水道のようなものです。知らぬ間に出しっぱなしになった水のように、気づいていないうちにどんどんとお金が出て行ってしまいます。

あなたの場合どうですか?

あらためて自分のお金の使い方を見直してみてください。書き出してもらったらベストですが、考えてみるだけでも結構です。

もし気づかない間にお金が減って、いつも給料日前にはお金がないという状況が続いているとしたら、おそらく使途不明金が多かったり、無駄遣いの習慣がついてしまっているはずです。

ある有名な経営者の方が、自分のオフィスに行ったときのこと。

当然のように敷かれている入り口のマットを見て、こう言ったそうです。

「このマットは本当に必要なのか? これでいくら出ていっている?」

これは、マット代がもったいないということを言いたかったのでしょうか? 無駄遣いをやめさせたかっただけなのでしょうか？

私は違うと思います。たとえ少ない金額であっても、「本当に必要なのか」を考えてお金を使いなさいということを、伝えたかったのだと思います。

マットを置くのが当たり前だから置くのではなく、置くことが効果的かどうか考えて置く。費用対効果が悪ければ置かないことも検討する。そういう無駄な経費についての意識を持たせるために言ったはずです。

無駄遣いでよくあるもので言えば、なんとなく入っている保険や、無駄に高い家賃。携帯の契約条件や、あまり通っていないフィットネスクラブの契約などがあります。

あらためて「なんとなくの支出」や「使途不明金」、あなたにはありませんか？

まず、経済的な自由を手に入れるために無駄な支出から見直してみましょう。

さまざまな経済的自由人の方にお会いしてきましたが、その方々の多くは無駄遣いをほとんどしません。逆に必要なことにはいくらでもお金をかけます。

経済的に不自由な人ほど無駄遣いが多く、必要なことにかけるお金を惜しんでいます。

まずは、無駄遣いを徹底的にやめるところから始めてみましょう。

年収1000万円のAさんは、なぜ破産したのか？

ひとつ、あるお話を聞いてください。


ここに、仕事だけを一生懸命にやってきたAさんがいます。

彼は非常に真面目で真剣に仕事に取り組み、その甲斐あって40歳の若さで大手企業の部長になることができました。年収は1000万円に昇給です。

あるときAさんは、友人のホームパーティに呼ばれました。

その友人は外資系メーカーで働いており、Aさんよりも収入も高く、独身です。

部屋に招かれたとき、驚きました。友人宅はタワーマンションで広々としたリビング、テラスまで付いていたのです。

Aさんには、奥さんも子どももいます。

「こんな家に住んだら、きっと家族はもっと喜ぶのではないだろうか？」

そう思って帰宅後、奥さんにその話をしました。

すると「せっかく収入も上がったんだから、もっといいところ住むのもいいわよね」と、嬉しそうに同意してくれました。

そこで調べてみたところ、家賃20万円ほどで、広々としたリビングと眺望が楽しめるタワーマンションを発見。

「これなら人を呼んでも恥ずかしくない！」と思い、そこに住むことを決めたのです。

引っ越してみたところ、今度は家具が気になりだしました。部屋と家具が合っていないのです。これではせっかくの広い部屋、素晴らしい眺望も無駄になってしまう……。

そう思うと、家具も新調することにしました。

さて、Aさんの奥さん。マンションの生活にも慣れ、友達もできました。

あるとき、その友達と買い物に行こうということになり、車に乗せてもらいます。

すると、まさかの超高級車。自分が中古の軽自動車に乗っているとは、とてもではないですが、言えません。

その夜のことを、奥さんはAさんに言いました。

「こんないいマンションに住んでいて、軽自動車ではカッコ悪いわ。せっかくならもっといい車に乗り換えない？」

どんどん支出は膨らんでいきます。当然、現金一括で買うわけにはいきませんから、ローンを組んで購入していきます。

借金が膨らんでいったある日、悲劇が訪れました。

なんと、Aさんの会社が倒産してしまったのです。

残念ながら彼にはそのローンの支払い能力なんてありません。高給取りだった彼と同じだけの給料を支払ってくれる会社なんて、そうそう見つかりもしません。

泣く泣く彼らは自己破産して、やり直すことを決めたのでした。


この話はフィクションですが、じつはよくある話です。見栄にお金を使ってしまった結果、負債ばかり買ってしまい、自己破産してしまうケースです。

資産だと思って負債を買ってしまう不自由人

経済的な不自由は、収入の問題ではなく、お金についてのリテラシー不足によってもたらされているのです。

たとえばほとんどの人は、家は資産だと思っています。

しかし結論、基本的に持ち家は負債です。

金融資産に関していえば、お金が入ってくるものが資産であり、お金が出ていくものは負債です。

持ち家はお金が出ていくものなので、負債なのです。

「どのみち借りたって出ていくんだから、ローンで払ったって一緒でしょ」と言う方もいますが、それは間違いです。

たとえば3000万円の新築マンションを買った場合、買った時点ですでにその価値は1500万円ほどになります。実際には半額程度しか価値がないのです。

つまり、1500万円の損をしている状態からスタートします。

さらにローンを組んだ場合、金利を支払うことになります。年数にもよりますが、トータルで4000万円くらい払うことになるのがほとんどです。

それだけではありません。修繕費用もかかってきますし、家族構成が変われば引っ越すこともあるでしょう。

絶対に家を買ってはいけないということはありませんが、そういったリスクまで考えて購入しているかということが問題なのです。

「家は資産だから」「どうせ家賃を支払ってるのだから」「家族の幸せのために」などと、誰かが言っていたうわさ話に乗せられただけではないか？　ということを考えなければなりません。

経済的に不自由な人ほど、資産だと思って負債を買ってしまうものです。

お金が入ってくるものが資産。お金が出ていくものは負債。

このことを覚えておいてください。

間違っても資産だと思って負債を買うことがないようにしましょう。

時間的に不自由なときに、株は買うべきではない

私が会社員だったときのこと、お金を稼ぎたいと思い株を購入することにしました。当時は上げ相場で、儲け話がたくさんあり、また会社員でも手軽に始めることができるので「まずは株でもやってみるか」と始めました。

当然、損はしたくありませんから、値動きが非常に気になります。すると、会社の仕事をしている最中もずっとそのことばかり気にしてしまい、仕事が手につきません。値段が下がっては不安になり、上がっても「すぐに下がってしまうのではないか」と不安になります。

そうやって、いつも不安とばかり隣り合わせになってしまい、結局のところうまくいきませんでした。

収入を得る方法が多いに越したことはありません。しかし、収入の取り口を増やすときに多くの人がやってしまう間違いがあります。

それは「手を出しやすそうだから」というイメージで始めてしまう、ということです。手を出しやすいことと、結果をつくりやすいことは、まったく別問題なのです。

収入源を増やす際に大事な2つのポイント

収入の取り口を増やすときに大事なポイントは、2つです。

(1)本業のプラスになること

(2)本業と時間が被らないこと

それぞれ見てみましょう。

(1)の「本業のプラスになること」というのが、基本的なポイントです。

本業をおろそかにして長期的に成功することはありえません。自分の収入の一番の軸になるものが何かをしっかりと把握しましょう。

もちろんそれは、ずっと同じとは限りません。

たとえば私の場合、会社員からスタートしています。

最初は週末起業という形で会社の労働時間にかからないところで始めました。社外での出会いも増えましたから、結果的に視野が広がり、本業としていた会社員の仕事にもプラスになりました。

ある程度形になってきたところで、気がつけば週末起業のほうが、本業としていた会社員よりも収入が高くなり、それに伴って本業を切り替えるという方法を取りました。

このように、もともと副業が本業に切り替わっていくということは多々あることです。

並行して取り組んでいく最中にも、本業にプラスとなることを選ぶようにしましょう。

ただし並行して取り組んでる最中や、独立した際に大事な注意点があります。

それは、元々いた会社の人脈や仕事を引っ張らないということです。

もしかしたら早い結果をつくれるかもしれませんが、その分、敵をつくることになりますし、長い目で見たら必ず同じことをやられます。お世話になった以上、迷惑をかけて退社するようなことだけはしないようにしてください。

（2）の「本業と時間が被らないこと」についても、大事なポイントです。時間が被ってしまうと本業に差し支えます。

会社員の方が経済的自由を手に入れるために一番おすすめの方法は、週末起業です。なぜなら時間が被らず、多くの経験を積むことができ、元手が少なくても大きく稼げる可能性があるからです。

しかし、多くの方はここに勘違いがあります。

それは「会社員は副業してはならない」と思っていることです。

「就業規則で禁止されているんです」と言う方がいますが、就業規則は就業中のみの規則です。就業時間外まで縛ることはできません。

じつは雇用契約について定めている民法や労働基準法、労働契約法には、個人が複数の雇用契約を結ぶことを禁止するような記述なんて存在していないのです。

むしろ副業禁止を理由に社員を懲戒した場合、その判断が違法である可能性のほうが高いです。

ただし、本業に差し支える副業をしていたり、本業で知り得た情報を使ってなんらかビジネスを立ち上げるなどした場合は、この限りではありません。

逆に言えば、本業に真面目に取り組み、本業と競業することがなければ副業禁止することはできないのです。副業禁止だと思い込まず、自分の大事な経営資産である空き時間を有効活用してください。

貯金をすればするほど、損をする？

もしも、「貯金すればするほど損している」と言われたら、あなたはどう思いますか？

「いやいや、そんなはずないでしょ。だってお金が減ってるわけじゃないし」

普通はそう思うかもしれませんが、じつは間違いです。

貯金すればするほど損しているのです。

「**インフレ率**」というものがあります（ちょっと小難しい話なので、嫌いな人は読み飛ばしてもらって問題ないです）。

たとえば、戦前の日本にまでさかのぼると、月収100円で生活していた時代がありました。いまの初任給20万円ほどという金額を考えたら、すごい差ですよね。

その後、経済復興とともに物価は上がっていき、それに伴ってお金の価値も下がってきました。戦前の100円も現代の100円も、100円は100円ですから、戦前の紙幣100円札を現代で使ったとしても、買えるのはペットボトル1本分くらいにしかなりません（もちろん、歴史的な紙幣としての価値はありますが）。

これは、時間の経過とともに、100円の価値が下がっていったということを意味しています。

現在、日本の政策上は毎年2％のインフレ率を目標にしています。つまり、ざっくりと言ってしまえば、お金の価値は毎年2％ずつ減っていくということを意味しています。

銀行にお金を預けた場合、金利はどのくらいになるでしょう？

調べてみたら、あるメガバンクの普通預金の金利は0・001％でした。ほぼ0だと思ってもらっていいでしょう。

結論を言うと、銀行にお金を置いておくだけでは、毎年2％ずつ価値が下がっていくということを意味しているのです。

では、なぜ毎年2％ずつ価値が下がっていくのに、みんな「貯金しなさい」と言うのでしょうか。

１９９０年頃の話ですが、じつは普通貯金をしているだけでお金が毎年６％増えていく時代がありました。その時代というのは、貯金をするとどんどんお金が増えます。それも複利によってです。

物理学者で有名な天才アインシュタインがいますが、彼は、複利のことを「人類最大の数学的発見」と言いました。

年６％の複利の力はすごいです。12年するとお金が倍になる計算です。ですから毎月せっせと貯金をすることは、12年後、入れたお金が倍になるということを意味していたのです。

しかも銀行預金ですから、１００％リスクなし。

ほかにも言い出したらきりがありませんが、昔は貯金をすることのメリットがたくさんあったのです。だから貯金を激しく推奨されることになりました。

しかし、先述した通り、現代の日本で貯金をするということは、毎年２％ずつ価値を下げていくということを意味しています。

ですから一生懸命貯金するだけでなく、投資をしていく必要があるのです。

稼げる自分になることが最優先

先ほど、まずは人的資産に投資をすることを私はおすすめしました。

たとえばあなたが小学生だった頃、1000円貯めるというのは、どのくらい大変なことだったか覚えていますか？

「両親の肩もみをしたらいくら」とか、「家事を手伝っていくら」など、あったかもしれません。自分の買いたいものもあるなかで貯金をするということは、とても難しいことだったはずです。それが1000円だったとしても。

しかし大人になったいま、1000円を貯めるということはそれほど難しい話ではないはずです。なぜなら、生み出せる金額が子どものときよりいまのほうが大きいからです。

つまり、収入を生み出す原資であるあなた自身の価値を上げたほうが、残せる金額が上がるので、ずっと効果的に貯金を残せるということです。

コンビニのアルバイトでは、おそらく時給で1500円が限界でしょう。仮にエンジニアとしての技術を高めれば時給で３０００円以上にすることができるはずです。私の友人には、時給に計算したら１万円以上という人もざらにいます。

アルバイトをしながら一生懸命お金を貯めるよりも、より稼げる自分になってからお金を蓄えたほうが、ずっと効率的だということです。

だからまずは目先の貯金よりも、自己投資して稼げるようになることが大事なのです。

十分に稼げるようになってくると、自己投資額よりも収入のほうが高くなります。

そこまできたら、人的資産から金融資産を構築できるレベルまできたことになります。

すると収入は時給で計算する範囲を大きく超えていきます。

あの有名企業の社長が、なぜ年収で何億円と稼ぐことができるのか?

それは、ビジネスを含めた金融資産を構築しているからです。

貯蓄はあとからいくらでもできます。ぜひ自分に投資して、稼げる自分になりましょう。

自ら負債を抱えにいくのは、いますぐやめなさい

こういったお金についての知識を「ファイナンシャルリテラシー」や「ファイナンシャルIQ」という言い方をします。

ほとんどの人がお金について勉強してきません。だから多くの人は、勉強する前から難しいと思い、あきらめてしまうのです。

ファイナンシャルリテラシーを高めることはチャンスです。

なぜなら、ほかの人が勉強してきていないので、社会人になってから勉強しても十分間に合うからです。そして実際、ファイナンシャルリテラシーを高めるには、収入を得たりそのお金を実際に使ったりしてから勉強したほうが、はるかに学習が早いです。

ファイナンシャルリテラシーに限ったことではないですが、机上の空論だけでは身につ

かないからです。

私がファイナンシャルリテラシーを身につけたいと思ったのには、きっかけがあります。それは、社会人3年目の終わりです。当時、私の父が他界して半年。母親の面倒も考えなければならないと感じていた時期です。

しかし蓋を開けてみれば、毎月給料をもらっても、次のカードの支払いでほとんどなくなる。いつもお金の支払いに追われてばかりいる現実に、本当にこのままでいいのかと感じていたのです。

一生懸命働いていても現状が変わらず、いつもお金の支払いに追われる生き方、これを**「ラットレース」**と言います。ねずみがくるくると回るおもちゃがありますよね。がんばってもがんばっても、ずっと同じところにいて、くるくる回っているような感覚です。

むしろ、速く走ろうとすればするほど回転が速くなり、余計に大変になっていく。

そういうふうに、私の場合がんばって働けば働くほど、時間もお金もなくなり、苦労ばかり大きくなっていました。

当時の私のように、いまもラットレースから抜け出せずに、もがいてる人も多くいることでしょう。なぜラットレースを回ることになってしまうのでしょう？

それは、資産だと思って負債を買ってしまっているからです。

先日も、ある付き合いの長い友人からこんな報告をもらいました。


「岡崎くん、昔、家は負債だから買うべきではないって言っていたよね？　当時は『そんなはずはない』と反論していたけど、いまになってわかったよ。

買った当時とは状況が変わって、いまの家では手狭になった。かといって買い手がつくほど便利なところでもない。しかも修繕費をかけた割に、売っても大した金額にもならない。賃貸で家賃を払うのはもったいないと思って買ったけど、結局は家賃を払ってたほうが安かったよ……」


前章でも述べましたが、家を持つということは資産形成上、大切なことだと思い込んでいる人がいます。しかし実際には支出のほうが大きく、資産を残しているつもりが、ローンを支払い終わった頃には大した価値が残っていないことも多いです。

お金を生み出さないものは、車も不動産も株も、すべて負債！

車についても同じです。車＝資産だと思っている方は大きな間違いです。なぜなら車を持っても、お金が出ていくだけなら負債だからです。

大事なことなので、あらためて金融資産と負債を定義するとこうなります。

- **金融資産＝お金を生み出すもの**
- **負債＝お金を奪うもの**

たとえそれが家であっても車であっても、お金を生み出さず、口座からお金を持っていくものであるならばそれは負債なのです。

株も資産だと思っている人がいますがそれも間違いです。お金を生み出しているなら資産だし、奪われているなら負債なのです。

不動産の場合、お金を生み出さなければ固定資産税などが取られることになります。持っているだけで毎年マイナスになっていくのです。

しかしこの簡単な定義も、実践しようと思うとなかなか難しい現状があります。それは感情や、あてにならないまわりの意見に振り回されてしまうからです。

繰り返し「家は資産ではない」とお伝えしていますが、親や友人に相談したら、おそらく真っ向から否定されるでしょう。結婚している方なら、「家を持つことが家族への貢献だ！」などと言われるかもしれません。

そうやって流されて、自ら負債を買っていってしまうわけです。

ほかにも、わかりやすい負債はローンや分割払いです。欲しいものがあった際に「ボーナス払いすればいいや」「もしなくなったらそのほうが嫌だし」「がんばってるんだから少しくらいは自分にご褒美を」などと負債をつくっていってしまいます。

あなたがこれから資産形成をしていこうと思うなら、まわりの意見や感情に振り回されない自分の芯をつくり、相談していい人かどうかを判断する目を養っていく必要があるでしょう。

Chapter 4

世の中の儲けの仕組みがわかれば、働き方の答えが見えてくる

あなたの収入は「フロー収入」か「ストック収入」か、どっち？

「岡崎くんね、経済的自由人と経済的に不自由な人では、収入の取り方が違うんだよ」

私がまだ会社員だった頃、メンターからこうアドバイスされました。


冒頭のミハスとトレドの話は覚えていますか？

どちらの村も、川から水を得ることで生活をしています。

ミハスの村ではバケツを運ぶことで水を得ていました。だからどれだけの水を得られるかはバケツ運びにどれだけの時間を費やしたかで決まります。もちろん大きなバケツを運べたほうがより多くの水を得ることができるのですが、限界があるのは確かです。

逆に、トレドの村ではバケツを運んでいません。替わりにパイプラインを引いていました。気がつけばパイプラインができているわけではないので、パイプラインが引けるまではもちろん大変でしょう。しかしパイプラインを引いたあとは、水を運ぶことに時間を使わずに済みますし、何本も引けば上限なく水を得ることができます。

このパイプラインという仕組みが、現代における「資産」となるのです。

そして、資産から得られる持続的に入る収入のことを「ストック収入」と言います。

収入の取り方には、大きく2つの種類があります。

（1）フロー収入

（2）ストック収入

会社員の方は、毎月働いてその月ごとにお金をもらいます。だから時間はあるけどお金がなかったり、お金はあるけど時間がなかったりします。かけた時間と収入が比例するからです。もちろん時給が高いほど給料も大きくなりますが、水を運ぶ量に限度があるのと同じように、時給を高くするのにも限界があります。

こういった「時間をお金に変えることを代表にした一時的な収入」のことを、フロー収

入と言います。

逆に、仕組みから収入を得ている人たちもいます。たとえば不動産やビジネスのオーナーと言われる人たちです。彼らはかけた時間と収入は比例しません。むしろ仕組みができるまではタダ働きになることのほうが多いです。

私のメンターは不動産投資で大成功していますが〝脳内ストリートビュー〟ができあがってると言います。自分がターゲットにしている地域の地図はもちろん、時間ごとに変わる人の流れまですべて頭に入っていると言うのです。だから、どこにどんな物件が出たと聞くと、すぐに状況がわかるので「買う・買わない」が判断できると言います。

そこまで頭に入っているのであれば、不動産投資もうまくいって当然です。

しかし、そこにいたるまでに相当な努力をしていることは間違いありません。

こうした「時間を先払いして、あとから継続して得る収入」のことをストック収入と言います。

フロー収入とストック収入の代表的な例を紹介します。

フロー収入とストック収入

ストック収入	フロー収入
役員報酬 株の配当 不動産による賃貸収入 ビジネスの仕組みで得る継続的な収入 …etc.	給料 株の売買 不動産の売買 モノを売って得た収入 年末調整で戻ってきたお金 …etc.

ストック収入をつくろう!!

私もそうでしたが、多くの人はフロー収入しか得ていません。フローの収入はその場限りです。時間をお金に変えて働いていますから、いつまでたっても時間的な自由は手に入りません。

逆に、多くの経済的自由人はストック収入を得るために働いています。

問題は、ストックの収入はすぐには入らないということです。忍耐も我慢も必要です。しかしストック型の収入を得てからは、継続的に利益を得ることができるので、将来にわたって豊かでいることができるのです。

ストック収入には制限がない

経済的豊かさのレベルは「フロー収入を失ったあと、どれだけの期間生活することができるか」で測ることができます。

会社員の方が職を失って、1か月しか生活するお金がないとすれば、1か月しか猶予のない程度の豊かさということになります。たくさん貯金をしている人で、1年分の蓄えをつくっていたとしたら、１年分がその人の豊かさになります。

逆にフロー収入ではなくストック収入を得ている人は、毎月ある程度決まった収入を得ることができます。もしも毎月の支出よりもストック収入のほうが大きかったとしたら、仮にまったく働かなかったとしても問題なく生活をすることができます。

さらにストック収入には限度がありません。ひとつ仕組みが完成したら次の仕組みをつくることができます。

私のメンターは不動産投資が好きだとお伝えしましたが、不動産だけでなく、いくつものビジネスを所有しています。

正確にはビジネスで得たストック収入を不動産に回し、不動産から得られた収入をまた不動産に投資するという形で、資産をどんどん増やしているのです。

ストック収入を得てラットレースを抜けている人は、そのお金と時間を使って、ますます豊かになることができるのです。

知らなければヤバい働き方の仕組み「キャッシュフロー・クワドラント」

「いい学校に行って、大手企業で働きなさい。独立なんて絶対しないほうがいいから」

私は、子どもの頃からずっと両親にそう言われて育ってきました。

実家は自営業だったのですが、それほど豊かなほうではなかったように思います。

じつに、さまざまなビジネスに取り組んでいました。

塾経営、賃貸仲介、弁当屋、ドライブイン、ゲームセンター……いずれも始めたときはいいのですが、しばらくするとうまくいかなくなり、また次へ次へと仕事を変えることになりました。

地域に子どもが多いからと塾を始めてみても、少子化の影響を受けて塾生も減っていく。人を雇うにもお金もないし、あったとして思った通りに動いてくれるとは限らないからといって人は雇わず、基本的に家族経営という形で商売の広がりもなく、撤退して次の仕事を始めていく。不動産屋も弁当屋も、どの仕事も同じようにして次から次へと変えていくことになる——。

それを私も見ていましたから、子どもながらに「自分で商売なんてやるもんじゃない」と心から思っていたのです。

しかし、世の中を見るとビジネスで成功して経済的自由を手に入れている人がたくさんいます。同じ「起業」なのに、なぜそんな違いが起こるのでしょうか？

その答えは、働き方には種類があるからなのです。

働き方の種類には、大きく４種類あります。

E……employee（会社員・アルバイト・派遣社員・雇われ社長）
S……self –employee（自営業）
B……business –owner（ビジネスオーナー）
I……investor（投資家）

これを、『金持ち父さん貧乏父さん』で世界的に著名なロバート・キヨサキ氏は「キャッシュフロー・クワドラント」と呼びました。それぞれに働き方の違いがあります。

【Eクワドラントの特徴】

Eクワドラントは多くの人が経験をしている働き方だと思います。私も社会人になった当初、この働き方をしていました。

Eクワドラントの特徴は、「時間↓収入」にしていることです。

長い時間働くことがより多く収入を得るための手段となります。単価を上げることで収入自体を上げることはできますが、収入が時間に比例することに変わりはありません。

【Sクワドラントの特徴】

一般的に自営業と言われる働き方です。もしくは弁護士や医者、独立系のSEの方などのスペシャリストと言われるような方もここに入ります。

Sクワドラントの特徴は、「時間→売上→収入」と変えているということです。時間を売上に変え、そのなかから収入を得ます。売上がどんなに大きくても、原価が高ければ収入を得ることはできません。売上を上げながら、さらに収入を上げることを考えなければならないので、もっとも忙しいクワドラントになります。

【Bクワドラントの特徴】

最近では広く耳にするようになったビジネスオーナーという言葉。この言葉に該当する日本語はありません。「社長」といっても、Sクワドラントの場合もあればBクワドラントの場合もあるからです。

Bクワドラントの特徴は、「時間→仕組み」と変えていきます。

時間を、パイプラインを引くことに使っています。パイプラインを引くまでは時間がかかりますが、引き終わったあとは、Sクワドラントの人や取引先に仕事を任せることで収入を得るため、あとから経済的自由を得ることができます。

【Iクワドラントの特徴】

投資家といわれる働き方です。私の投資家の定義は、「長期的に安定した利益を生み続ける資産を保有し、ラットレースを抜けられる状態の人」を指します。

Iクワドラントの特徴は、「お金→仕組み」に変えています。

お金を仕組みに変える働き方です。ですからもっとも時間的自由が手に入りやすいクワドラントですが、同時に多額のお金が必要となります。

たまに「株式投資をしているから投資家」と思っている方もいるようですが、ラットレースを抜けられているか？　安定した収入を得ているか？　が鍵になります。

単なる売買益目的や、長期保有していてもラットレースを抜けるほどになっていないのであれば、それはIクワドラントではなくSクワドラントとなります。

最初はBクワドラントを目指せ

話は戻りますが、私の実家は自営業をしていました。

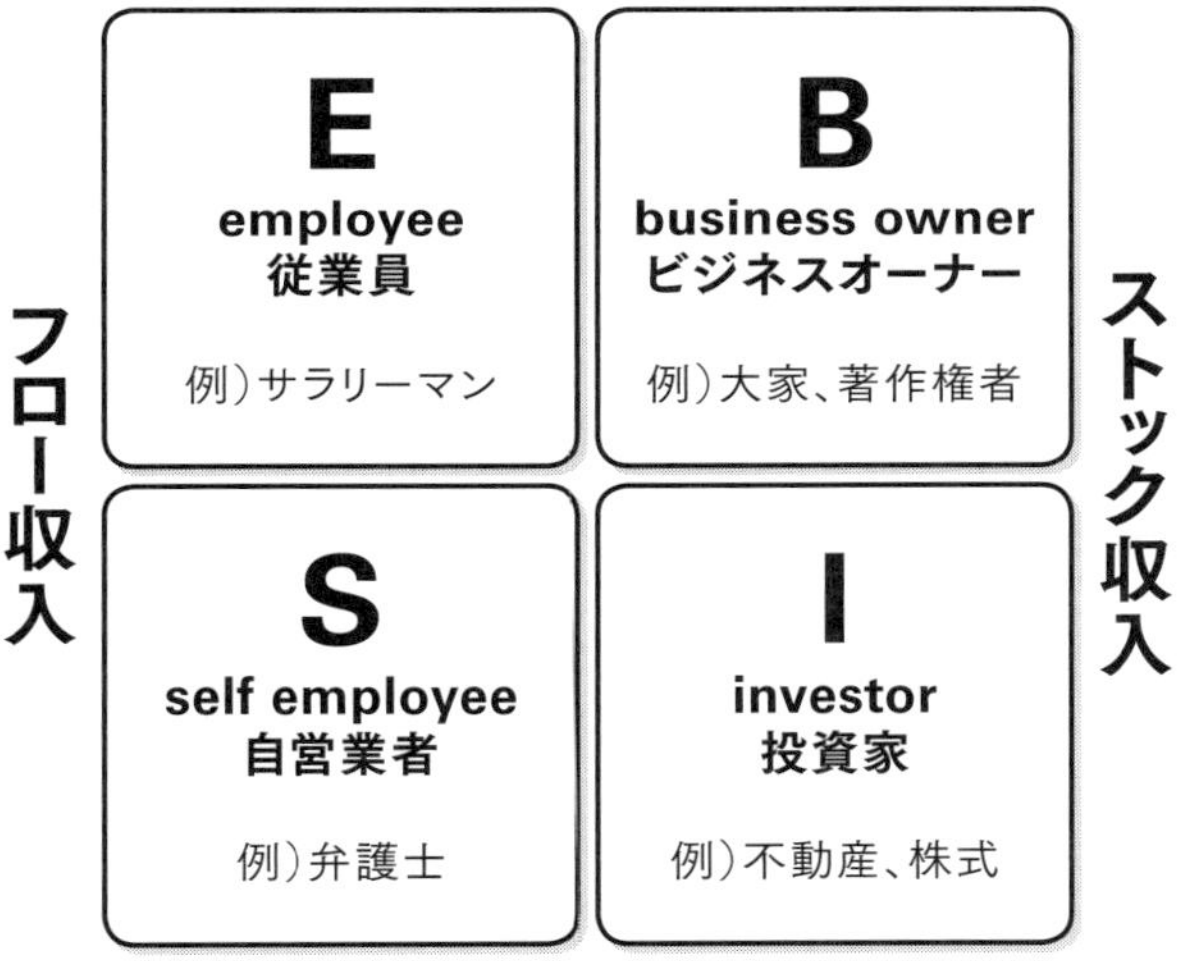

一般的には「社長」とも言えるわけですが、ここまでお伝えした通りクワドラントではSだったわけです。ですから経済的自由人のような生活を送ることはできず、時間とお金に追われることになってしまっていたということなのです。

もしあなたが経済的自由人になりたいのならば、まずBクワドラントのビジネスオーナーを目指し、そこで得た収入でBとIのかけ算をしていくという道筋が、もっとも現実的な方法になるでしょう。

はたして、サラリーマンは損をしているのか？

質問です。あなたにとって「収入」とは何を指していますか？

「おいおい、なに急に馬鹿なこと聞いてくるんだよ」と思うかもしれませんが、じつは「収入」といったときに、人によって指しているものが違うのです。

Eクワドラントの人の多くは「額面」といわれる、税引き前の収入を指す方が多いでしょう。ご存じのように、額面と手取りは違います。実際に使える金額は手取りになるわけですが、会社員の方は額面を収入ということが多いです。

では、Eクワドラント以外の人は「収入」をどのように考えているのでしょう？

それは「可処分所得」で考えている方が多いです。

シンプルに「使えるお金はいくらか」だと思っていただけたら問題ありません。それって手取りと何が違うの？　と思うかもしれませんが、Ｅクワドラントとそれ以外のクワドラントではまったく意味が異なります。

私が起業するきっかけになった友人がいます。彼から衝撃の一言をもらいました。

「岡崎、いいか。サラリーマンは損してるんだ。

普通、商売してる人は売上から経費を引いてから税金を支払う。当たり前だよな。だって売上を上げるには仕入れもいるし、活動経費もかかる。

でもサラリーマンはどうだ？　給料から自動的に税金を引かれて、しかも税金を引かれているところからさらに消費税まで払うことになっている。これって損だろ？　個人事業主の場合、自宅はオフィスにもなる。だから家賃が経費として認められるんだ。サラリーマンだって本当は働くためには家が必要だから、経費にしたっていいと思わないか？

ほかにも交通費や交際費だってかかるけど、一切経費には認められない。サラリーマンってのは、もっとも損な働き方なんだよ」

私の実家は自営業だから薄々気づいてはいましたが、衝撃でした。

そう言われてみると、会社員をしていると基本的に経費が認められません。もちろん税金を支払うことはとても大事なことですから、それを悪とは思いませんが、自分がどれだけ税金を払っているのか、それは適切なのか、は考えなければならないのです。

税金の知識も、最低限おさえておこう

税金の仕組みの違いは、このようになっています。

厳密に言えば所得控除などがありますが、それほど大きくないので、ここでは考慮せず概要でお話しします。


【会社員】

額面×実効税率（約30％）＝税金

【個人事業主】
売上－経費＝利益
利益×実効税率（約30％）＝税金

ここで仮に、職業がＳＥと仮定して計算してみましょう。
年収５００万円のＳＥの場合、会社員と個人事業主ではどのくらい違いが出るでしょうか？　どちらも年間３００万円使っているものとします。

【会社員】
５００万円×実効税率（約30％）＝１５０万円（税金）

この会社員の方が、仮に個人事業主に雇用形態を変えたとします。
すると、家賃も半分は事務所として経費になります。
また人に会う場合にも、直接的な場合も間接的な場合も、必要な交際費であることが多いです。全部とは言わずとも、普段使っている300万円のうち半分、150万円は経費として認められる可能性は高いでしょう。

するとと計算はこうなります。

【個人事業主】※家賃や交際費等の半分が経費として認められたと仮定

500万円－（300万÷2）＝350万円

350万円×実効税率（約30％）＝105万円（税金）

あら、不思議。経費を認められると、年間45万円も税金の支払いが少なくなる計算になります。もちろんこれは概算であって、まったくこの通りになるわけではありませんが、多くの場合、個人事業主になって経費の申請をしたほうが、税金の支払いが少なくなることが多いのです。

繰り返しですが、納税することはとても大事なことですから、節税目的の法人設立や不当な経費の計上はよくありません。

しかし税金について無頓着で会社任せでは、残念ながらファイナンシャルリテラシーが上がらないのも確かです。

ほとんどの方は「めんどくさい」と言って、こういった税金の申告など勉強しません。しかし、諸外国では会社員の方も自分で確定申告するのが普通なのです。会社が代行して何もしないでいい国ばかりではないのです。

仮に結婚して夫婦共働きで収入を得た場合、生涯賃金は平均3億円ほどになります。所得税や住民税、消費税のほか、家を持てば不動産所得税の支払い、車を持てば自動車税の支払いなどさまざま。日本の税の種類は40を超えるほど、たくさんあるのです。

ですから3億円の世帯収入があった場合、概算で税金の支払いは9000万円〜1億円にはなってきます。

そこまで大きな金額を支払っているのに、税金に無頓着なままで本当にいいのでしょうか？　すべてをこまかく知る必要はないですが、まず給与明細書に興味を持ってみて、自分がどれだけの税金を支払っているのか知ってみましょう。

会社員が持つ、最強の3つのメリット

「では、会社員はやめたほうがいいということですか？」

税金の仕組みを知った私は、真っ先にメンターに相談に乗っていただきました。

なぜなら、自分ではよくわからなかったし、まわりでそのことがわかる人も思い浮かばなかったからです。

信用がある、リスクが少ない、ダブルワークしやすい

「確かに税金の仕組みだけ考えたら、会社員は損しているだろうね。だけど、それだけで会社員をやめたほうがいいという話ではない。もちろん会社員にもメリットがあるから」

「会社員のメリットですか。正直、やめてほかの仕事をしたいと思っている僕からすると、あまりメリットを感じないのですが。終身雇用と言われる時代も終わって、収入が上がる見込みもない。残業ばかりで、なかには残業代が出ない仕事もあります。いったいどんなメリットがあるんでしょう？」

「いくつかあるけどね、まずは信用が高いということだよ」

「信用ですか？」

「たとえばクレジットカードをつくろうとするだろう？　起業3年目くらいまではカードの審査が通らないことが多い。ほかにも住宅ローンや車のローンも一緒だね。個人事業主は、大きな額を借り入れて何か買おうとしても、なかなか審査が通らない。

その点、会社員は簡単だ。安定した収入があるから審査も通りやすい。信頼できる人以外からの購入はおすすめしないけど、投資用のマンションなどを買おうと思ったら、会社員のほうが楽だろうね」

そう言われてみると、私の両親からも言われていました。カードの支払いだけは絶対に遅れるなと。実家が自営業のため、カードをつくることの大変さを知っていたのでしょう。

「2つめは、リスクなしで経験を積めること。

会社員の場合、どんなに大きな失敗をしても、そのリスクは会社が取ってくれる。大手で働いているなら個人では取れないようなリスクの仕事ができるチャンスもあるだろう。

仮に失敗してクビになったところで、世の中に会社なんてごまんとある。だから新しいチャレンジをどんどんできるし、それが経験になる。

しかも、そこで積み上げた実績は、その後の自分のキャリアとして使うことができるんだから、こんなにありがたい話はないよね。

そして3つめ。もしかしたらこれが一番大きいかもね」

「それはどんなことですか？」

「ダブルワークしやすいってことだよ。もちろん会社の仕事に支障を出してはいけないけど、空いてる時間はいくらでも自分のために使うことができる。仕事が終わったあとの時間でもいいし、休日でもいい。その時間を自分の事業を立ち上げるために使える。

会社の収入があるから、最低限の生活は保証される。しかも、ちゃんと事業性があれば、経費を認められて会社員の人でも節税をすることができるんだ」

「そんなことできるんですか？」

「もちろん、節税目的で週末起業とか、ごまかした申告は絶対してはいけないよ。でもね、国だって稼いでくれる人が多いほうが潤うわけだから、ちゃんと起業を応援してくれてるってことなんじゃないかな。

個人事業をすると、会社からもらう給料は売上に変わる。すると自宅はオフィスに変わるから、その分が経費になる。経費が増えると、源泉徴収されている金額よりも本来払うべき金額のほうが少なくなるんだ。それを還付金という形で返してくれる。会社員の週末起業ほど、税法的な優遇をされる仕組みはないだろうね」

「うちの実家は自営業で、Ｓクワドラントだったのですが、Ｓクワドラントはどう思われますか？」

「すべてのクワドラントは、それぞれ正解だよ。Ｓクワドラントだって素晴らしい。

Ｓクワドラントのは「Ｓｅｌｆ」のＳのだけでなく、「ｓｐｅｃｉａｌｉｓｔ」のＳ

と言う人もいるね。

職人気質で、全部自分でやりたいという人が多い。その分、人に任せることができず、収入が増えるほど忙しくなっていく。好きなことを仕事にできていて、夢中になれているなら幸せだけど、無理しないとがんばれない仕事なのだとしたら、成功するほど苦しくなっていくだろうね。だからSクワドラントのSは趣味のSだと言う人もいるね」

「趣味クワドラントですね、楽しそうでいいですね」

「趣味を仕事にしても楽しいならね。趣味と仕事の間には天と地ほどの間があるよ。たとえば、趣味でカフェをやりたいって人がいるけど、岡崎くんなら趣味でやってる店と本気でやってる店、どっちに行きたいと思う?」

「それは当たり前ですが、本気のお店ですね」

「そうだろう。なぜわざわざお金まで出して人の趣味に付き合わないといけないのかって話なんだ。ただ趣味を突き詰めたらプロレベルになっていたという人もいるから、そういう人は、Sでがんばってみてもいいかもしれないね」

いますぐ3000万円用意できないなら、金融投資から始めるべきではない

「ークワドラントは、お金を働かせるクワドラントっておっしゃってましたよね？　それが一番楽だし、できればそこに行きたいのですが……」

「素晴らしいね。いきなりそこから始めたいと思うなら、まずは〝なくなってもいい3000万円〟を用意してもらっていいかな？」

「いやいや、そんなお金あったら困ってませんし。しかも〝なくなってもいい〟って……とてもじゃないですが無理です。そもそもなんで3000万円なんですか？」

「いいかい、まともな投資なら、せいぜいあって年率10％くらいまでだよ。それだって元本が減ることもある。3000万円の10％でやっと年収300万円。生活するのでいっぱいいっぱいさ。しかもそこから増やそうと思ったら、この増えた300万円に手をつけて

はいけない。再投資する必要がある。だからこの増えた300万円を手にすることはできない。すると岡崎くんの年収は実質0。つまり、Ｉクワドラントとして食べていけるレベルになろうと思ったら、3000万円だって足りないって話なんだよ」

「それはいくらなんでも厳しいですね。僕にはできそうにありません」

「そんなことはないさ。コツコツ投資を続けていって3000万円を目指すっていう手もある。これも悪くない選択だよ。ただ問題は、非常に時間がかかるってことさ。

岡崎くんは、どのくらいでラットレースを抜けて行きたいと思っているの？」

「それは、できるなら早いに越したことはないですが……。3年くらいのうちには抜けていたいです」

「なんで3年なの？」

「今年27歳になるので、30歳までに抜けれていたら嬉しいな、と。3年でラットレースを抜けるって、可能なんでしょうか？」

「もし投資でそれをしようと思ったら、相当なリスクを取ったSクワドラントから始める必要があるね。ＦＸとか、レバレッジをかけられるものを使って、たとえば100万円の出資に10倍のレバレッジをかけた場合、１０００万円まで動かすことができる」

「それ、すごいですね！　10％利益が出たら、１００万円プラスってことですか？」

「そういうこと。ただし逆も然りで、10％の赤字も簡単に出る」

「つまり、１００万円のマイナス？」

「しかも10％のマイナスならまだしも、20％マイナスが出れば、最初の１００万円では足りない。１００万円を逆に支払う必要があるんだよ」

「それは怖いですね」

「少額で大きく稼ぐチャンスがあるということは、それだけリスクが高いってことでもある。海外の投資なんかだと、レバレッジ１０００倍なんてものもあるから。もしレバレッジを効かせた投資をする場合には、そのリスクも理解をして投資をしないといけないね」

自分だけのチームをつくれ！

「それじゃあ、僕にはラットレースを抜けるのは無理ですね……」

「そんなことはないよ。まずはBクワドラントから目指したらいいんだよ」

「でも、ビジネスオーナーって正直イメージできないんですが……」

「それは当たり前だよ。なぜなら、もともと日本人にはなかった概念だから。ビジネスオーナーを日本語にしようとしても、日本語にすることができない。せいぜい経営者とか社長だろう。でも、それはSクワドラントだって同じ言い方になる」

「どうしたらBクワドラントになれるんですか？」

「そのために一番大事なのは、ビジネスチームをつくることだよ。一緒に仕事をする仲間さ。とくに優秀なビジネスオーナーは、自分のまわりに自分より優秀な人材を求める。

アメリカの実業家で鉄鋼王と呼ばれたアンドリュー・カーネギーという人がいる。

アメリカでは、人が亡くなったあと、お墓にその人を表現する言葉を残すんだけど、彼の墓碑銘には、

『Here lies one who knew how to get around him men who were cleverer than himself.（己より賢き者を近づける術知りたる者、ここに眠る）』

と書かれてたんだ。

「自分よりも賢き者って、自分より頭がよくて仕事ができる人ってことですか？」

「そういうことだね。つまり彼は鉄鋼王と言われるようになるまでに、自分のまわりに多くの自分よりも優秀な人たちを集めていったんだ。カーネギーには能力だけではない、一緒にいたくなる人としての魅力があったんだろうね。

自分の能力だけで仕事をしようと思ったら限界があるけど、人の力を借りてチームで仕事をしたら、自分の枠組みを超えた大きな仕事ができるようになる。

そうやって大きなビジネスチームをつくって、仕事を任せていくことができたら、Bクワドラントとして成功することができるんだよ。

まずは自分のまわりにビジネスチームをつくって、Bクワドラントになって、ビジネスで余剰したお金を投資していき、Iクワドラントを目指していく。これがもっとも効率のいい成功の仕方なんだ」

Chapter 5

お金と時間から自由になる生き方、その具体的方法

支出を減らす、収入を増やす、資産を構築する……それだけ

「経済的自由を手に入れて、豊かな人生にしたい。お金だけでなく時間だってほしいし、やりたいこともある。でも問題は、そのためにまず何をしていいかがわからない」

そんなあなたのために、最後に実践編の話をしていきましょう。

あらためて、私の言う経済的自由を定義しておきます。

「経済的自由とは、ストック収入が日々の生活費よりも大きくなり、労働収入に頼らなくても生活できる状態を手に入れていること」です。

たとえば、毎月20万円あれば生活できる人は、ストック収入が月々20万円を超えている状態を指します。もちろんそれだけでは最低限の生活ができるだけなので、より稼いでいく必要はあるでしょうが、少なくとも「食うために仕事をする」という領域からは卒業す

ることができるでしょう。

そのためにするべきこと、それはファイナンシャルリテラシーを身につけることです。

こういうと難しく感じるかもしれませんが、じつは噛み砕いて考えると簡単です。

ファイナンシャルリテラシーのシンプルな3つの要素

ファイナンシャルリテラシーの要素は、たったの3つしかないのです。

(1) 支出を減らす
(2) 収入を増やす
(3) 資産を構築する

たったのこれだけです。それぞれ見ていきましょう。

(1) 支出を減らす

ファイナンシャルリテラシーの低い人は、気分でお金を使います。気になって欲しくなったら買う。だから部屋のなかを見ると、使ってないものがいっぱいになってしまっている。ほかにも、税金対策になると言われて保険に入ったり、不動産を買ってしまったりします。実際のトータルコストが上がってしまっていることに気づかずに、負債を買ってしまうのです。

一方でファイナンシャルリテラシーの高い人は、効果性でお金を使います。たとえばバーゲンセールがあっても「安いから」という理由では決してお金を使いません。逆にどんなに高くても、効果的なものにはいくらでもお金を支払います。

つまりここで言う「支出を減らす」とは、無駄遣いをやめる、ということです。見直してみるとさまざまな無駄遣いが存在しています。コンビニで買うペットボトルしかり、行っていないジムの会員費や、使っていないwi-fi、無駄に高い家賃など、見直すべきところはたくさんあります。

携帯電話は、格安simを使えば大きくコストダウンすることも可能でしょう。

車を使っていないのに持っている人は、カーシェアリングを検討することもおすすめします。ちなみに私はカーシェアリング愛用者です。メンテナンスも不要、給油も基本的に不要、さらに車を所持していたときの駐車場代や保険料、自動車税などを考えた場合、それほど使うことがないなら、カーシェアリングのほうが安価で効果的だったからです。

(2) 収入を増やす

何かを学ぶために働いている、やりたいことや積みたい経験がある場合はたとえ安価でもそこで働いたほうがいいでしょう。しかし、もしあなたが「就職活動のときになんとなく決めたから」「転職活動がめんどくさいから」という理由で、同じ職業に就き続けているとしたら、職業を変えることを検討してみてもいいでしょう。

案外、自分が思っているよりも、市場からのあなたの評価は高いことが多いです。

実際のところ、私の起業塾の塾生Rくんは、キャリアアップを繰り返すことで、ここ2～3年ほどで収入を倍にしています。私のビジネスパートナーで、後輩でもあるSくんは独立系のSEとして企業から「言い値でいいから働いてほしい」と言われています。転職すると収入が下がると思っている方もいるようですが、それは自分で交渉しないからです。

自分の欲しい金額を決め、そのための交渉をする。

じつはこれはそう難しいことではありません。もし自分でいきなりやるのは難しいと感じるなら、まずは転職のエージェントに相談してみることから始めてみてください。たとえばエクセルができれば収入が上がります、とか、この資格を取るといくらくらいの収入が見込めます、などと具体的なアドバイスをもらうこともできるはずです。

流されて誰かに自分の価値を決めてもらうのではなく、自分で自分の価値を決めていきましょう。

（3）資産を構築する

支出を減らし、収入を増やすことができたら、定期的な収入を生み出す資産の構築をしていきましょう。このステップが、一番ハードルが上がります。

ただ、そんなに難しいことではありません。大事なことは自分の判断ではなく、実際に結果をつくっている人のアドバイスを受けるということです。

当然ですが、不動産や株、権利などを売ることしか考えていないセールスの話ではありません。自分で実際に資産を構築している人の話です。

人生は、誰のアドバイスを受けるかで決まります。

こういった資産構築について、多くの人はアドバイスをもらう人を間違えてしまいます。親や恋人、親しい友人など、さらには、うまくいっていない人に相談してしまうのです。

「失敗談からも学ぶべきだ」という話もありますが、残念ながら失敗談をどんなに聞いても、成功することはできません。むしろ成功している人の意見だけを聞くべきです。

なぜなら、成功するためには多くの失敗を積み重ねているので、そのアドバイスの背景には失敗の体験まで含まれているからです。

もし失敗談から学ぶのであれば、ある程度知識をつけて、どうすればうまくいくのかが十分に腑に落ちてからにすることをおすすめします。

「早く資産を構築したい！」と言う方も多いと思いますが、まずはこの順番の通り、支出の見直し、収入の見直しから始めてみてください。

とくに支出は小さければ小さいほどラットレースを抜けやすくなるので、経済的自由を手に入れる上で重要なポイントになります。

自己流では破滅する。メンターを決めろ

もしあなたが右側のクワドラント（B・I）を目指すなら、欠かせないことのひとつに「人の力を借りる」ということが挙げられます。

自分だけの力で全部をやるのは無理ですし、より大きな結果をつくるためには、自分が知らなかったことも必要になるからです。

とくに成功している人ほど、専門家の意見をよく取り入れます。そして専門家に喜んで高額なお金を支払います。

なぜなら専門家になるまでにかかった時間を考えれば、それをお金で使わせてもらえることほどありがたいことはないからです。あなたを応援してくれる専門家には、惜しみなくお金を払うようにしましょう。

あなたが目指す先にいるメンターのような存在との付き合いで、必要な対価があるなら、自分から積極的に支払うべきです。そうすればその人の経験を借りて学ぶことができますし、結果的に素晴らしいコンサルタントを雇うようなものです。喜んでそれに見合ったものを支払うようにしましょう（もちろん、それはお金だけとは限りませんが）。

あなたには「メンター」と言える人はいますか？

この本の中にも何度となく「メンター」という言葉が出てきます。

なぜ、メンターが大事なのでしょうか？

たとえば「道」がつくもの。華道や茶道、柔道などをやっていた方はよくわかると思いますが、必ずその道のプロに教えてもらいます。なぜか？　独学でやるよりはるかに早いからです。

プロとまで言わなくても、あなたも勉強やスポーツ、もしくはいまやっている仕事など、最初は誰かに教えてもらってスタートしたのではないでしょうか？

何かを身につけるときに、もっとも早く効果的な方法が、メンターを見つけてフルコピーさせてもらうという方法なのです。

「自己流《じこりゅう》は事故《じこ》る」と言いますが、お金の世界も一緒です。自己流でやると必ず事故を起こします。もちろん必要な失敗もありますから、一切の事故が悪いとは言いませんが、メンターがいると、しなくていい失敗を避けることができるのです。

もしもあなたが右側のクワドラント（B・I）を目指すなら、人の力を存分に借りましょう。自分なりにやりたいというなら、Sクワドラントの世界を目指すべきです。

お金の世界も一緒で、メンターを見つけず自分勝手にやると、ほぼ１００％事故ります。何回も失敗してうまくいけばいいという考え方もありますが、それでは時間もお金も無駄が多いです。素直に、うまくいっている人から学ぶのが一番効果的であり効率的です。

問題は、そのメンターの見つけ方です。

「なかなかそんなすごい人いないですよ」と言う方も多いかもしれません。確かに、いままでの人脈では難しいでしょう。

大事なことは既存の人脈ではなく、新しい人脈から探したらいいのです。

「六次の隔たり」という理論を聞いたことはあるでしょうか？

まったく知らない人とでも、あいだに6人介すと全員つながっていくという理論で、さまざまな実験で実証されています。

ちなみにFacebookの世界では、4人介せば、世界の全員とつながるそうです。

つまり、すごい人も、6人辿っていけば会えてしまうということです。

だから素直に聞いてみたらいいのです。「まわりにすごい人、いない？」と。

すると、案外すごい人と簡単につながることができたりします。

また、いまの時代はまったく面識がなくても連絡をすることは難しいことではありません。返信をもらえるかは別ですが、極端に言えば、総理大臣にだって連絡できます。

ちなみに、著者と連絡を取るのは簡単です。その人の本を読んで感想を送ったら返信をもらえる確率は高いですし、会えないまでも、簡単な相談くらいは乗ってくれるかもしれません。だって、感想を送ってきてくれたら嬉しいですから。

私の友人で、まだ20代にもかかわらず、世界中の孤児院をまわっているダンスパフォーマーのこうすけ君という男がいます。

彼はどうしても、超有名アーティストのG氏（名前は伏せます）に会いたいといって、

ＳＮＳでメッセージを送り続けたそうです。

彼の活動が特殊であるということもあるのでしょうが、なんと返信をもらうことができ、マレーシアの豪邸にも遊びに行かせてもらった、と喜んでいました。

自分が勝手に難しいと思い込んでいるだけで、すごい人と会うのは決して難しいことではないのです。

いまはオンラインサロンなども流行っています。

つながりたいと思う人のオンラインサロンに入会すれば、ほとんどの場合、定期的なオフ会（リアルで会合する場）が用意されています。そこに行って挨拶をすれば、いくらでも仲よくなれる可能性があるのです。

メンターと付き合う上で、大事な3つのこと

メンターと呼べるようなすごい人と付き合う場合、大事なことはなんでしょうか？

私は次の３つを挙げています。

① 感謝する

感謝ほど人をつなぐものはありません。お会いしたことのお礼、いただいた言葉のお礼、御馳走になったならそのお礼。お礼を欠かさずしましょう。

それは、お金がかかることでなくても大丈夫です。むしろ、菓子折り持ってお礼に来られたほうが迷惑だったりもします。

メッセージを一通送らせてもらったり、電話の一本をする、そこからで十分です。旅行などをしたら、ちょっとしたお土産くらいは買ってきてもいいでしょう。

私が個人的に大事にしていることは、ご縁をたどって感謝するということです。

たとえば、日本を代表する作家である本田健先生がいらっしゃいます。

本田先生とお会いできたのは「宝地図」という夢実現メソッドの第一人者である、望月俊孝先生のご紹介でした。ですから、何かことあるたびに望月先生にはお礼を送らせてもらっています。

しかも、ありがたいことにまったくの若輩である私にも、とても丁寧に返信をくださ います。心からありがたいことです。そうして、感謝の連鎖が人との強い結びつきをつくっていくのです。

② わかりやすくいる

もっとも一緒にいたくない人は、わかりにくい人です。

わかりにくい人は気を使います。気を使うと疲れます。疲れるから一緒にいたくないのです。「わかりやすい」を心がけるようにしましょう。

たとえば、尊敬する人のセミナーなどに参加したら、わかりやすく頷くなりして「聞いてますよ」とアピールします。

ほとんどの人は、にわか土偶のようにまともなリアクションがありません。

そんななかで、あなただけがわかりやすくリアクションしていると、講師からは感謝される存在になるのです。そして、感謝されるような存在だから、セミナーの外でも会ってもらえるようになる可能性が高くなります。

ただし、「感情的になる」のと「わかりやすい」は別物なので、注意してください。感情的な人は確かにわかりやすいですが、付き合うほうはめんどくさいです。とくに怒りや嫉妬、凹みなどが頻繁にある人はメンタルトレーニングもするといいでしょう。

③　欲しがらない

すごい人だからこのくらいしてくれるもの。そんな考えを持っている人が時折います。たとえばランチくらい奢ってほしい、多少のわがままは聞いてほしい、自分のことを理解してほしい、などと欲しがります。

一方的に与え続けると、人は疲れるものです。

だからメンターのようにすごい人でも、欲しがられてばかりでは疲れてしまうのです。

メンターと良好な関係をつくりたいと思ったら、自分がしてもらうことばかりではなく、自分からしてあげることをつくっていきましょう。

手段に優劣はない。すべては目標をどこに置くかで決まる

では、どんな資産が、経済的自由を手に入れていくためにもっとも効果的なのでしょうか？

その答えは、「ゴールによって異なる」です。

多くの方は、テストの答えのように一問一答を求めますが、現実の世界はそんなに単純にできていません。

実際には答え1に対して、手段が無限大ということさえあるのです。

たとえば東京から大阪に行く場合、多くの方は新幹線で行くことでしょう。しかしバスもあれば飛行機もあります、車で行ってもいいですし、自転車でも行けるのです。

そして、どの手段を選ぶかは、ゴールと理由によって変わってきます。

出張のために少しでも早く着きたいなら新幹線がいいでしょうし、マイルを貯めたい人は飛行機でもいいです。寝てる間に着きたいなら深夜バスがいいですし、特別な体験をしたいなら自転車や徒歩もいいかもしれません。

単純に手段に優劣はないのです。

これと一緒で、経済的自由を手に入れる上で、何をするかよりも、まず**理由**と**目標（ゴール）**を決める必要があります。

あまりいい例ではありませんが、

- **身内に不幸があって（理由）**
- **どうしても1年後には毎月100万円の収入（目標）**

が必要だとします。看護のための時間も必要です。そんな状況なのだとしたら相当にリスクがある方法でもチャレンジする必要があるでしょう。

逆に、

- **老後の不安をなくすために（理由）**
- **30年くらいかけてゆっくりストック収入が得られていれば問題ない（目標）**

と言う人は、低リスクで手堅いものがいいでしょう。

私の場合ですが、

・3年で（期間）

・ラットレース抜けて（ゴール）

・Bクワドラントで生計を立てる（手段）

と、設定して動き出しました。

なぜ3年だったかというと、深い意味はありません。

そのくらいでできたらかっこいいかな、現実的に可能かな、と「なんとなく」思ったからです。「おいおい、そんな曖昧でいいのかよ……」と言われるかもしれませんが、最初はそんな曖昧でいいのです。

やってもいないことをそんなに深く考えても、答えなんて出てきません。だったら最初は、なんとなく決めてみる。

そしてメンターと決めた人に、その期限で適切かどうかを聞いてみたらいいのです。

ちなみに、私は3年でラットレースを抜けるという目標を立てて、メンターとミーティングをしてもらったところ、「目標は高すぎるほうが、がむしゃらにやるからいい」と言われて、半年でラットレースを抜ける目標に修正されました。

「それは高すぎるだろ……」と正直思いましたが、言われた通りにやってみたところ、結果的には1年で脱サラしてラットレースを抜けることができました。

振り返って考えてみると、もし「3年で」と目標設定していたら、5~6年はかかっていたのではないかと思います。

テストの点数と一緒です。

80点を目指している人は60~70点程度になるものです。普通の人は100点を目指したら80点に落ち着くことのほうが多いのではないでしょうか。

だから、まずは高すぎる目標にチャレンジしてみるのも面白いのではないかと思います。

では、ラットレースを抜けるために、Bクワドラントを目指すべきか、Iクワドラントを目指すべきか、という手段の話をしていきます。

結論は「**どちらでもいいが、とにかく出会ったメンターの言うことを聞きなさい**」です。

目的が「ラットレースを抜ける」ことであるなら、Bクワドラントでも I クワドラントでもどっちでもいいのです。

もっともやってはいけないことは、自分の都合のいいアドバイスをしてくれるメンターを探してしまうことです。なぜなら都合のいいアドバイスをくれるメンターを探すのには、非常に時間がかかりますし、ほとんどの場合、そんな人はいないからです。

私の友人で、Bクワドラントを目指してみたものの厳しくてうまくいかず、Iクワドラントを目指すといって、メンターを変えた人がいました。

彼なりに努力して投資のメンターを見つけたものの、半年経ったら元のメンターのところに頭を下げて、再度弟子入りさせてもらっていたのです。

「なんでほかのメンターを見つけたのに、戻ってきたの？」と聞いたところ、

「お金がお金を生む世界なら楽だろうと思って、投資のメンターを見つけました。でも、現実は厳しかったです。むしろお金がない僕にとってはリスクが高すぎて、失敗したら死んでしまいそうで……。その点、ビジネスなら元手も少ないし、経験も豊富に積

める。さらに人脈まで増える。同じ大変な思いをするなら投資よりビジネスのほうがいいって、やってみて理解したんです」

と言っていました。

なるほど、経験しないとわからないものだ、とも思いましたが、尊敬すべきは彼のメンターでしょう。出戻りでも快く受け入れる器はさすがだと思いました。

Bクワドラントから、ラットレースを抜け出すことを目指せ！

では、私はBクワドラントとIクワドラント、どちらから目指すことをおすすめするかもお伝えします。

結論、私ならBクワドラントからの脱ラットレースをします。

その理由は次の４つです。

（1）再現性があり、経験が積める

人生でもっとも価値があるものはなんでしょう？

お金という人もいれば、時間だという人もいます。

私の答えは「経験」です。なぜなら経験は増えることはあっても減ることがありません。いくらでも人に分け与えることもできます。

ビジネスの世界から始めた場合、一番大事な要素は「再現性」です。ほかの人に教えることができることが大事な要素です。人に教えることで、自分がいなくても仕事が進むという再現性をつくり出すことが可能です。

また、経験さえあれば、たとえ社会的な要因によって自分のビジネスがうまくいかなくなっても、また同じ結果をつくることが可能でしょう。

（2）人脈が増える

ビジネスチャンスは必ず人が持ってきます。あなたがビジネスオーナーを目指す場合、一番大事になるのは人脈です。ビジネスオーナーを目指すということは、人脈をつくること自体が仕事になるのです。

そして、もしあなたがIクワドラントまで目標にしているなら、良質な投資話は良質な縁からもたらされることを知りましょう。人脈は宝だと言う人がいますが、Bクワドラントほど、人脈の広がりがあるクワドラントはありません。

(3) 時間が被らず、失敗が許される

クワドラントを変えていくときに大事なことは、活動時間が被らないことです。

投資をしてもいいですが、多くの投資は仕事時間と被ることが多いです。

たとえば株をやった場合、株価が動いているのは会社で働いている時間だという方のほうが多いと思います。先述した私の例のように、仕事をしている最中に値動きが気になってしまい、本業に差し支えてしまうわけです。

しかし複業の場合、本業となる仕事と被らないようにすることはいくらでも可能です。

会社が終わったあとに人脈をつくり、土日にセミナーに参加をして、学んだことを実践するということができるのです。

さらに複業の場合、会社の仕事で収入があるので、失敗が許されるというのも魅力のひとつでしょう。

（4）早いし、可能性が大きい

ビジネスの場合、少額でも大化けすることがあるのも魅力です。やり方にもよりますが、それほど大きなリスクを取ることなく、大きなリターンを期待することができます。

私の友人で個人売買の仕事を立ち上げた人は、初期投資50万円もかけずに、2年ほどで月収100万円を超えていました。

投資で大きく稼ごうと思った場合、大きくレバレッジを利かせる必要が出てきます。最初に投資した以上の損が発生してしまうことを考えると、ビジネスのほうがリスクが少なく可能性が大きいと言えるでしょう。

居心地の悪い場所に行く

私が経済的自由人を目指し、Ｂクワドラントを目指した最初の頃、メンターからもらったアドバイスがあります。

それは「セミナーに参加しなさい」というものでした。

正直私にとってセミナーとは「つまらないもの」「めんどくさいもの」というイメージがありましたから、なぜセミナーに参加したほうがいいのかをメンターに尋ねてみたところ、こう言われました。

「**成功したかったらまず自分に投資しなさい。いまの自分を変えないで、結果だけ変えたいなんてムシがいい話はないいんだよ**」

図星すぎて苦笑いするしかありませんでした。新しいことを学ばず、自分を変えず、結果だけ変えたいという前提がはっきりと伝わっていたのだと思います。

人は環境の生き物です。あなたがどんな人たちと付き合うかで、どんな自分になっていくかが決まります。

有名な話ですが、自分のまわりにいてもっとも時間を使っている人たちの平均があなたになります。たとえばBクワドラントを目指していて、いつも一緒にいる人がEクワドラントの人たちでは、あなたの結果はEクワドラントになってしまうのです。

ですから、あなたが目指すクワドラントのセミナーに参加することをおすすめします。そういった場所に行くと、みんなそのクワドラントを目指すことが当たり前ですから、自然と自分の当たり前も変わってくるのです。

進学校に入ったらみんな進学するのが当たり前になるように、Bクワドラントを目指す人ばかりの環境に飛び込んだら、どうしたってBクワドラントが当たり前になります。

また、環境を整えるという意味では、実家暮らしよりもひとり暮らしをおすすめします。親御さんがあなたの目指す理想のクワドラントの方ならいいですが、ほとんどの場合、異なることが多いでしょう。実際、私も実家はSクワドラントであったため、Bクワドラントを目指そうということの理解はまったく得られませんでした。

想像してみてください。仮にあなたがBクワドラントを目指したとします。

しかし、住まいは実家。家に帰るたびに言われます。

「あんたね、ビジネスなんてそんなに甘くないんだからやめときなさい。リスクだって大きいし、失敗したらどうするの？　私はあんたが普通に暮らしていてくれるのが一番幸せなんだから。親孝行だと思って無理しないでやめてちょうだい」

これはこれでメンタルトレーニングにいいかもしれませんが、なかなかきついです。実家暮らしの方は、自己投資の一環だと思ってひとり暮らしにチャレンジしてみましょう。

セミナーに参加するべき3つの理由

話を戻して、セミナーに参加することをおすすめする、3つの理由をお伝えします。

（1）学ぶことの大事さを知ることができる

ひとつの寓話をご紹介します。

〜〜〜〜〜〜〜〜〜〜〜〜〜〜〜

道を歩いていると、森に差し掛かりました。森の中からどこからともなく、カコーン、カコーン、と斧で木を切る音がしています。

しばらく歩くと、その音の主の横を通りました。

あなたは、これまであまり木こりを見たことがありません。思わず観察していると、あることに気づきます。斧の刃がボロボロに錆びていたのです。

あなたは親切心から、木こりに声をかけました。

「木こりさん、がんばっていらっしゃるのはわかりますが、斧の刃がボロボロですよ。それではどんなに一生懸命に木を切っても、なかなか先に進まないでしょう。刃研ぎしてみてはいかがですか？」

「親切にありがとう。でもな、俺は木を切るので忙しいんだ。申し訳ないが、刃を研ぐ時間なんてないんだよ」

〜〜〜〜〜〜〜〜〜〜〜〜〜〜〜〜〜

さて、あなたならこの話をどう思いますか？

忙しいから刃研ぎできないのでしょうか？

それとも、刃研ぎしてないから忙しいのでしょうか？

もうおわかりだと思いますが、後者です。

がんばることも大事ですが、刃研ぎすることはもっと大事です。

先に「まず自分に支払う」とお伝えしましたが、学ぶことに時間とお金をかけることが、欲しい結果をつくるためにもっとも大事なことです。

もちろんそれは、考えてばかりで行動しなくていいということではありません。必要なことを学んだらまずやってみましょう。

「できるならやる」「わかるならやる」と思っている人も多いですが、順番が逆です。

やるからわかるし、やるからできるようになります。

学んだことは即実践です。うやむやと考えている時間があったら、できることからやってみましょう。

（2）学びにお金をかけたほうが、時間が短縮されて安い

自己投資の大事さをお話ししましたが、「それならセミナーじゃなくて読書でもいいんじゃないか」と言う方もいるかと思います。もちろん読書は素晴らしいことなので続けていただきたいのですが、学びの濃度は、学びにかけた時間とお金に比例します。

ちなみにあなたは学生時代、教科書だけで十分な勉強ができ、身についたほうですか？勉強ができる人のほとんどは塾や予備校に通ったり、家庭教師をつけたり、人に教えてもらいにいったりしたのではないでしょうか。

どう考えても、文字だけで学ぶよりも直接人から聞いたほうが学習効果は高いです。ですから、セミナーや講演に行って学んだほうが、読書だけよりも効率的に学べ、時間短縮されるので効果性が高いです。

そして、同じセミナーに行くなら、高額なものか、遠方で開催されるものをおすすめします。そのほうが真剣に参加するからです。

ちなみに先日、私が尊敬している経営者の1人、居酒屋から日本を元気にすると志を掲

げ、日本一有名な居酒屋「てっぺん」をつくった大嶋啓介さんのセミナーに、ゲストで呼んでいただきました。

そこであった嬉しい出会いがあります。

京都大学の学生でした。なんと、わざわざ京都から東京まで来ていたのです。

その行動力に感動したので、後日、大阪で会いましたが、彼はカンボジアで学校を建てるプロジェクトをしているとのこと。さらにクラウドファンディングで応援者を募集している。そこまで聞いたら当然応援したくなり、出資させてもらいました。

要するに、遠方からの参加は講師からの印象もよく、応援されやすくなるのです。

いまは移動のコストも安くなってきています。ぜひ経験だと思って、遠方の講演会などにも参加してみてください。

（3）コンフォートゾーンが変わる

「コンフォートゾーン」という言葉をご存じでしょうか？

人には自分にとって当たり前の領域があり、その領域に自分を合わせようとしてしまう機能があります。

たとえばボーリングなどをしたときに、いつも100～120くらいのスコアの人がいたとします。たまたま調子がよく、前半にいつもよりも早いペースでスコアを出すことができた。そんなとき違和感を覚えたり、緊張して手に汗握り始めます。

「どうしよう！　このままいったら150くらい出ちゃうぞ！」

そんなふうに思い始めると、肩に力が入り後半はスコアがイマイチに。

結果、いつも通りの120ほどの結果に収まってしまう。

こんなふうに、人は自分のコンフォートゾーン（この場合は100～120のスコア）に合わせて、行動も結果もつくり出そうとしてしまうのです。

つまり、これからクワドラントを変えようとする方は、「自分は○クワドラントで当たり前だ」というコンフォートゾーンを変えていく必要があるのです。

では、どのようにしたらコンフォートゾーンが変わるでしょうか？

コンフォートゾーンとは、直訳したら「居心地のいい場所」となるわけですが、問題は、居心地がいい＝自分を成長させてくれる、というわけではないということです。

残念ながら、居心地のよさからは、現状維持しか生まないのです。

たとえばあなたが大手企業の社長と一緒にいたらどうでしょうか？　きっと汗をダラダラかき、心臓が高鳴り、緊張感でいっぱいになるのではないでしょうか？

成長させてくれる環境とは、「居心地が悪く、環境のいいところ」と覚えてください。

人間は慣れる生き物なので、最初は緊張感でいっぱいの環境であっても、必ずそこに慣れるのです。気づくとその環境の当たり前の基準が、自分の当たり前の基準に変わっているはずです。

あなたがセミナーに参加するようになると、いわゆる「意識高い系」の人たちと出会うことでしょう。最初は違和感ばかりのはずです。

しかしそれでいいのです。違和感たっぷりで居心地の悪い環境に触れ、自分の意識を高くしてもらい、コンフォートゾーンを変えていきましょう。

行動して、発信せよ

師匠も決めた。セミナーに参加して仲間もできてきた。知識も徐々に身についてきた。そういう方は、クワドラントを変えるための第一歩を踏み出しましょう。それが投資でもビジネスでも構いません。大事なのは行動することです。人はできるからやるのではなく、やるからできるようになります。どんなに考えていても行動しないうちは、何ひとつ結果になんてならないのです。

一歩を踏み出すときに大事なことがあります。

それは、「死なない範囲ならどんどんリスクを取ってみる」ということです。

ほとんどの人は「リスク＝危険」「危険＝やらないほうがいい」という方程式の世界を生きています。しかし、この考え方を持っているうちは、何をやっても結果などつくることはできません。

この日本で生きている限り、よほどのことでないと、死んでしまうようなリスクはありません。仮にとんでもない借金を抱えてしまったとしても、自己破産してしまえば0からやり直すことすらできるのです。

とは言っても、もちろん自己破産などしたくないでしょうし、まわりに迷惑をかけないにこしたことはありません。だから「**それをやって、最悪の事態はどうなるのか？**」**を考えてみる**ようにしましょう。

たとえば100万円の借金を抱えたらどうでしょう。

コンビニのバイトでも時給1000円以上は探せば普通にあります。会社員の仕事以外にバイトでもしたら、月に10万円くらいはお金を残すことは簡単です。だとしたら100万円の借金なんて、10か月でリセットできる話なのです。

たった10か月でリセットできるくらいのリスクで行動を恐れていたら、足踏みして迷っている時間がもったいないと思いませんか？　迷っている時間を考えたら、リスクを取って行動してしまったほうがいいということを、覚えておいてください。

どのクワドラントを目指してもいいですが、あなたが行動する上で絶対にしたほうがいいことをひとつお話しします。

それは、あなた自身がメディアになっていくということです。

メディアになるとは、情報発信力を持つということです。情報化が進む現代において、情報発信力を持つことは、どのクワドラントであっても価値があることになります。

情報発信する方法は、大きく3つあります。

(1) マスメディア

例：テレビやラジオ、新聞など。

影響範囲は広いが、個人が進出するにはもっともハードルが高い。

(2) SNS

例：FacebookやTwitter、Instagram、YouTube、ブログなど。

個人が情報発信しやすいが、それぞれの媒体によって目的が異なるため、つくりたいメディアの目的に合わせて方法を選ぶ必要がある。

(3) コミュニティ

例：リアルな人の集まりや、オンラインサロンなど。

個人とのつながりが強いコミュニティ。もっとも行動につながりやすい。

もし大きな情報発信力を持ちたいのなら、この3つをミックスした情報発信力が必要になります。

たとえば、堀江貴文さんやキングコング西野さんは、

(1) マスメディアで認知を獲得し、

(2) ソーシャルメディアで情報拡散し、

(3) オンラインサロンやイベントでファンとつながっていく（コミュニティをつくる）

という流れで動いているように思います。

とくにマスメディアを通して広く認知を確認しているので、彼らのオンラインサロンな

どは、有名人とつながりたい人にとって大きな価値があります。もちろんマスコミで力があればオンラインサロンができるかと言えば、それだけはでないですが、そこから始まっていることの力の大きさは否定できないでしょう。

YouTuberのＨＩＫＡＫＩＮさんや、ブロガーのはあちゅうさんの場合、

（２）ソーシャルメディアで情報拡散し、

（１）マスメディアで認知を獲得し、

（３）イベントを中心にファンとつながっていく（**コミュニティをつくる**）

という流れで動いています。彼らもやはり、３つのメディアをうまく掛け合わせて、情報発信力を獲得していると言えるでしょう。

どの情報発信から始めればいいのか

あなたがこれから情報発信力を持つなら、どこから始めていくのがいいでしょうか？

普通の人がマスメディアの力を使った情報発信は難しく、ソーシャルメディアからマス

メディアに進出する人が増えている現在では、ヒカキンさんやはあちゅうさんのような方法もなかなかハードルが上がっています。

私の結論は、ソーシャルメディアとコミュニティを両方進める、という方法を第一歩としておすすめします。

自分へのつながりが強いコミュニティは一番購買力が高く、あなたが新しいビジネスを立ち上げたり、何名かで出資を募って投資をする場合など、もっとも強い力を発揮します。口コミが一番強いという人が多いのも、そのつながりの強さゆえでしょう。

とくにリアルな人のつながりというのは、特別な技術は必要ありません。誰でもどこからでも始めることが可能です。

試しに昔の友人100人に連絡してみてください。もちろんまったく返信もくれない人もいるでしょうが、連絡しなければ縁が切れたままであることに変わりがありません。

それならいっそ、返信がこなくても連絡してみたほうがいいのです。

そして、返信をくれた人とあらためて深い縁をつないでみてください。きっと、あなたの人生の大事な財産になるはずです。

しかしコミュニティだけで情報発信していくと、どうしても発信できる範囲に限度があります。それでは自分のビジネスを大きくするのに十分とは言えません。

より大きなビジネスモデルを構築するために、意図に合わせてソーシャルメディアも育てていくのです。

たとえばFacebookは若い人がやっていないので古いと言う人もいますが、私はまったくそうは思っていません。年齢層が高いということは、その分、単価の高い見込み客が多いとも言えます。ビジネスという観点で言えば、これほどありがたいマーケットはありません。

またFacebookは、その人個人の名刺代わりになっています。あなたがどんな人なのかをわかってもらうときにこれほど便利なツールはありませんから、育てておいて損はないはずです。

検索に強くするならブログがいいでしょうし、つながりは薄くても手軽に広く情報発信できるようにしたいならInstagramがいいでしょう。拡散力重視ならTwitter、手間をかけてもしっかりつくりたいならYouTubeがいいかもしれません。

ソーシャルメディアの可能性は大きいので、やったことがないからと逃げずに、ひとつずつでいいので始めてみてください。

ただし、気をつけてほしいことがあります。直接会ったこともないのに、Facebookなどで変な勧誘話を送るのはやめましょう。はっきり言いますが迷惑極まりない。見ず知らずの人に勧誘されて、高額なお金をかけるほど頭の悪い人はそういません。完全に努力の仕方を間違っています。本当にいい勧誘もあるのでしょうが、やり方に問題があります。

それではマーケットを荒らしているだけです。

リアルにつながってこそ、人はお金を動かすのです。

たとえば、いつも常連で仲よくしているお店の10周年パーティに呼ばれたならどうでしょう？　よほどの用でもない限り、参加するのではないでしょうか。

これがソーシャルメディアやマスメディアで声をかけられても、見ず知らずの店の10周年パーティではそうはならないでしょう。

まずはリアルとソーシャルメディアを組み合わせて、小さくても強い情報発信力を持つことから始めていきましょう。

「わかりました、明日から行動します！」……なんて思っていませんよね？

さて、ここまで実際にできるさまざまなことをお伝えしてきました。

まずは一歩踏み出しましょう。

しかし、いざ一歩踏み出そうと思うと、もしかしたら恐怖心でなかなか動けないという方もいるかもしれません。本編の締めくくりに、その恐怖心との向き合い方、一歩の踏み出し方をお伝えしていきます。

まず、あなたは新しいことを始めるときに恐怖心を感じる人ですか？

そして、その恐怖心は悪いことだと思っていますか？

もしそう思っているなら、それは間違いであることを知ってください。

多くの人は、恐怖を感じたり不安を感じることが悪いことだと思っています。

しかし実際には、恐怖心や不安感は決して悪いことではありません。恐怖心や不安感があるから、人は準備をするし、努力するのです。

とは言え、もちろんそういった気持ちに苛まれながら行動するのは、難しいことかもしれません。ですから、まずこの気持ちと戦わないようにしましょう。

あなたは、ダイエットなどしたことはありますか？

ダイエットをするときに、多くの人はこう思うはずです。

「甘いものを食べないようにしよう」「ご飯を食べないようにしよう」「大盛りにするのはやめておこう」……こんなふうに、自分に言い聞かせる人は多いです。

じつは、これが大きな間違いです。

人の頭は、否定を認識しません。

甘いものを食べないようにしようと思えば思うほど、頭のなかには甘いものがいっぱい出てきます。ケーキ、大福、エクレア、チョコレートパフェなど、あなたの大好きな甘いものがいっぱい頭のなかに浮かぶことでしょう。

想像してみてください。あなたの頭のなかに自分の大好物ばかり浮かんでいるのに、それを我慢することはたやすいことでしょうか？

おそらく、とても難しいことだと思います。

これと同じように「恐怖心を持たないようにしよう」「不安を持たないようにしよう」とすればするほど、あなたの頭のなかは恐怖心や不安感でいっぱいになってしまうのです。

だから、新しい行動を取ろうとしても、その恐怖心に支配されて行動できなくなってしまうのです。

恐怖心から逃げるな

ではどうしたらいいかと言うと、その恐怖心と戦わず、「付き合う」ことです。

自分に言って聞かせてあげてください。「ぶっちゃけ、怖いよね」「できるか自信がないよね」と。そのあとで、「ちょっとだけ挑戦させてみて」と自分に声をかけましょう。

大事なことは、まず「ちょっとだけ」やることです。

韓国にこのような格言があるそうです。

「始まりが半分」

始めてしまえば、ものごとの半分が進んだようなものだということだそうです。

経済的な自由を手に入れるための行動も、最初から完璧でなくてもいいし、失敗してもいい、だめで元々でいいから、ちょっとやってみようと決めることが大事です。

「明日やろうはバカヤロー」と言う人もいます。

人生には、いましかないのです。いまの積み重ねで、人生はつくられていきます。

すぐに結果が変わるわけではないかもしれませんが、いま行動することが人生を変えていくということを、意識して行動していきましょう。

行動のスピードは情熱を生み出します。人間は、動くと本気になるものなのです。

人の感情というものは、行動によって引き出されるものです。

アメリカの心理学者ウィリアム・ジェームズは言いました。

「人は悲しいから泣くのではない。泣くから悲しいのだ。楽しいから笑うのではない。笑うから楽しくなるのだ」

感情は行動の産物です。先に来るのは行動です。

あなたのやる気を引き出し、恐怖心に打ち勝つために大事なのも行動なのです。

最初から大きな行動でなくて大丈夫です。

一生やる、とまで決めなくて大丈夫です。

「絶対経済的自由を手に入れる！」とまで決めなくて大丈夫です。

大事なことは小さな一歩の積み重ね。まず行動しましょう。

そして、次に大事なのは量を追うことです。

スピードが情熱を生むなら、量は質を生みます。

「量質転化の法則」と言いますが、量からしか質は生まれません。

まずは何よりも圧倒的な数です。あなたがやろうとしていることを徹底的にやってみてください。すると、必ず工夫が生まれてくるはずです。

そこまでできたら、あなたは間違いなく「お金」と「時間」に縛られない、自由で豊かな人生を手に入れているはずです。

さあ、動き始める準備はできましたか？

あの貧しかった村は、どうなったのか？

「村長、お時間いいですか！」

最初にミハスがBの村に行くきっかけをつくった、村人モンセラットが声をかけてきた。ミハスがBの村を訪ねてから、10年が経とうとしている。10年経ったいまも、ミハスは変わらず忙しい。

しかし、10年前とは明らかに違うことがある。

それは、当時よりもはるかに表情が明るいということだ。

「おいおい、今度はなんだ。私は忙しいんだから手短にしてくれよ」

そう言いながらも頼りにされることが嬉しいのか、ミハスは変わらずに笑顔でいる。

10年前にBの村に行き、トレドに学んで、パイプラインを引くことを決めてから、村は大きく変わってきた。振り返って一番大変だったのは、最初の一歩だったように思う。

何しろ、村人たちからのたくさんの反対に遭ったから。

バケツを運ぶのに忙しいのにパイプラインなんて引く時間はない。本当にそんなことができるとは思えない。楽することよりも真面目に働くほうが大切じゃないか。

そう言われ、一人ひとり説得をしながら、できることを積み重ねる日々だった。

最初の1本目のパイプラインができた日のことは、いまでも忘れることができない。

あれほど反対していた村人も、できたパイプラインを目の前に、大いに喜んでくれた。

人を変えるのは理屈ではなく結果だということを学んだ。

「新しい仕組みを導入したいのです。農業も狩りも、これで便利になるはずです！」

「モンセラット、君は本当に新しい仕組みを導入することが好きだね。そういえば最初にトレドのもとに行くきっかけになったのも、君が私のところに来たことだった。君が私のところに来なければ、私たちはいまだにバケツ運びに追われる日々だったかもしれない」

「ありがとうございます。そう言っていただくのはとても嬉しいことですが、あのときの村長の決断がなければ、いまはなかったと思います」

モンセラットの協力がなければ、パイプラインを引くことはできなかっただろう。いまや一番のビジネスパートナーであり、彼なしでは村を運営することはできないほどの存在になった。


「そういえばミハスさん、最近はトレドさんを見ないような気が……」

「ああ、あいつか。変わらずちゃっかりしてるよ」

「あいつ、なんて言っていいんですか？」

「ははは、仕事の上では師匠だけどな。幼馴染であることには変わらないから」

「で、トレドさんは結局なにを？」

「あいつ、村長やめやがった。どうしてるかって？　Bの村で学んだことをほかの村に教えて、そこに投資して稼いでやがる。ほんと大したもんだよ。みんなを幸せにしながら、自分もちゃんと稼いでるんだから。それで新しい仕組みとやらは？」


そう言いながら、また「忙しくなるぞ」と気を引き締める。

どうやら私は、トレドのような生き方はできないらしい。

仕事が一番面白い。とくに自分を幸せにするための仕事は、最高だ。

あとがき

3月の終わり。南半球は夏から秋にかわる節目。

ここメルボルンの3月は南極の風が入るせいか、思いのほか肌寒い。それでも日向には半袖で日光浴を楽しむ人が多いから面白い。

私はいま「Market Lane Coffee」という、老舗であり有名なカフェにいます。

こだわりのある店内の装飾と居心地のよさに、気がつけば原稿を書き終えていました。経済的自由に心から感謝しながら。

まず、最後まで読んでくださったことに感謝申し上げます。

お金と働き方をテーマに書き上げた一冊ですが、いかがだったでしょうか？　あなたのお金との付き合い方、働き方に一石を投じることができていたら、嬉しく思います。

ラットレースを抜けるということが背景にある本でしたが、ラットレースを抜ける醍醐味は、「やりたいと思うことが広がる」ことです。

私がラットレースを抜けたいと思った当初、時間とお金ができたら、思いっきりスノーボードとサーフィンをしようと思ってました。当時、海外に行ったこともなく、世界中を回ってみたいなどとはまったく思ってなかったのです。

ところが、いざラットレースを抜けてみると、やりたいことが広がり、結局どちらもそこまでやらなくなってしまいました。もちろんいまでも嫌いではないですが、スノーボードとサーフィンは昔ほど一生懸命にはなっていません。

本当にやりたいことや欲しいものは、ラットレースを抜けてみないとわからないのではないか？　と思っています。

少なくとも私の場合、スノーボードとサーフィンしかやることがなかったから、それが一番だと思っていたということです。

最初はあなた自身のやる理由でいいですが、経済的自由を手にしていくなかで、がんばる理由が広がるのを楽しみにしていてください。

最後に、あなたに経済的自由を手に入れるために大事なことを2つお伝えします。

1つめは「学ぶために働く」ということです。

稼ぐために働くのではなく、学ぶために働くのです。あなたの人生の一番の資産はあなた自身です。あなたの価値を高めるためならタダ働きもしてみてください。きっとあとからたくさんのものが返ってくるはずです。

2つめは「事情から選択するのではなく、可能性から選択をする」ということです。

あなたのまわりにはたくさんの事情があると思います。しかし、それはあなただけではありません。どの成功者と言われる人たちも、最初はあなたと同じように、たくさんの事情があったのです。そのなかで可能性を信じ、一歩ずつ進んできたから、いまの結果があるのです。

すべての人に無限の可能性があります。

その可能性を発揮するための条件は、可能性を信じ、可能性から物事を選択するということです。

「自分なら必ずできるはずだ」

そう信じて、まずは一歩踏み出しましょう。

岡崎かつひろ

【追伸】

いつもあたたかく私の原稿ができあがるのを待ってくださる、きずな出版の小寺裕樹編集長、私にたくさんの学びをくださったメンターや兄弟弟子の皆さん、そして3時間もの長居に快く接客してくださった「Market Lane Coffee」スタッフの皆さんに、心から感謝申し上げます。

【主な参考文献】

『金持ち父さんのキャッシュフロー・クワドラント』ロバート・キヨサキ 著／白根美保子 翻訳（筑摩書房）
『金持ち父さん 貧乏父さん』ロバート・キヨサキ 著／白根美保子 翻訳（筑摩書房）
『リッチウーマン』キム・キヨサキ 著／白根美保子 翻訳（筑摩書房）
『嫌われる勇気』岸見一郎／古賀史健 著（ダイヤモンド社）
『何もなかったわたしがイチから身につけた 稼げる技術』和田裕美 著（ダイヤモンド社）
『僕は君たちに武器を配りたい』瀧本哲史 著（講談社）
『ＷＨＹから始めよ！』サイモン・シネック 著／栗木さつき 翻訳（日本経済新聞出版社）
『自分で決める。』権藤優希 著（きずな出版）
『コミュニティをつくって、自由に生きるという提案』マツダミヒロ 著（きずな出版）

著者プロフィール

岡崎かつひろ（おかざき・かつひろ）

株式会社DW代表取締役、他2社を有する経営者。ビジネストレーニング事業、業務コンサルティング、小売店支援、飲食店経営、飲食店コンサルティング、旅行事業、会議室事業など多岐に展開する。埼玉県坂戸市生まれ。ソフトバンクBB株式会社入社後、4年で独立。飲食店事業において、スタンディングバー「SHINBASHI」は連日大行列となり、各種メディアに取り上げられる。有限会社志縁塾が主催する日本最大級の講師イベント「全国・講師オーディション2015」の決勝にも残り、口コミから始めた講演会は、いまでは毎回400名以上も集まる。累積動員人数では10万人を超える。

「すべての人の最大限の可能性に貢献すること」を企業理念に精力的に活動する。

業種を問わず、どこにいっても通用する一流のビジネスパーソンの育成をテーマに、パーソナルモチベーターとしても活躍。多くの若者のメンターでもある注目の起業家である。

著書に『自分を安売りするのは“いますぐ”やめなさい。』『言いなりの人生は“いますぐ”やめなさい。』『憂鬱な毎日は“いますぐ”やめなさい。』（きずな出版）がある。

なぜ、あの人は「お金」にも「時間」にも余裕があるのか？

2019年9月1日　第1刷発行
2020年1月1日　第3刷発行

著　者　　　岡崎かつひろ

発行人　　　櫻井秀勲
発行所　　　きずな出版
東京都新宿区白銀町1-13　〒162-0816
電話03-3260-0391　振替00160-2-633551
http://www.kizuna-pub.jp/

ブックデザイン　池上幸一
印刷・製本　　モリモト印刷

ISBN978-4-86663-084-7

きずな出版

＼＼いますぐ手に入る！／／

『なぜ、あの人は「お金」にも
「時間」にも余裕があるのか？』

読者限定！
- 無料プレゼント -

PDF 超豪華！未公開原稿

「恐怖心を克服する方法」

本書を通して、お金と働き方について深く学んでいただきました。
じつは、ある事情から泣く泣くカットせざるを得なかった、未公開原稿があります。
そこで、未公開原稿を読者限定でプレゼントさせていただきます！ぜひ手に入れて、最大限の学びと結果を得てくださいね。

無料プレゼントの
受取はこちらから！

http://www.kizuna-pub.jp/money-time-afford-gift/

※PDF は WEB 上で公開するものであり、冊子等をお送りするものではございません。あらかじめご了承ください。